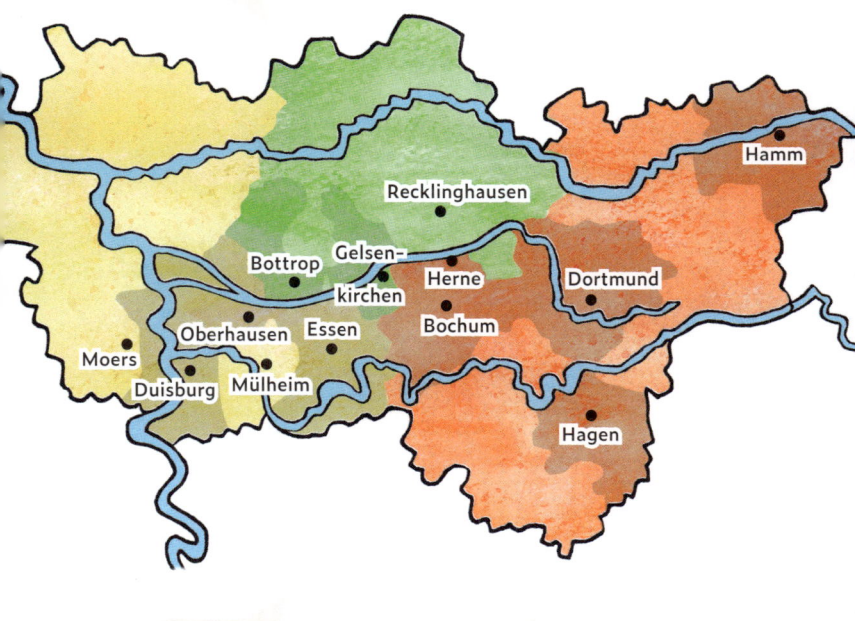

Spooat

Kinders

Recklinghausen

Bottrop Gelsen-
          kirchen   Herne   Dortmund
Oberhausen Essen   Bochum
Moers
Duisburg Mülheim
                              Hagen
Hamm

Hömma

Bütterken

SIGI DOMKE

Ruhrdeutsch

Allet, wat man wissen muss

Dudenverlag

Berlin

Inhalt

Herbert Knebel: Der Fachmann

Herbert Knebel:
Der Fachmann

Boh glaubse, ich bin gez auch noch Fachmann! Mit Bescheinigung von ganz oben. Dat wurde aber auch Zeit! Ich seh mich nämlich schon länger als ziemlichen Fachmann. Ja, und zwar bin ich angesprochen worden. Aber nich aufe Straße, sondern richtig offiziell übert Internet im Spamordner. Also, als Irrtum is dat da gelandet. Dat war nämlich von den Duden höchstpersönlich und von dem hatte ich noch nie Post.

Duden sacht Ihnen bestimmt wat. Dat is dieser dicke Wälzer, wo alle unsere Wörter drinstehen. Wirklich alle?! Dann kuckense ma unter »andötschen« oder »Muffkopp«! Da könnse den ganzen Duden von vorne bis hinten durchforsten, die stehen nich drin. Nichma in den Internetz-Duden. Den gibt et ja auch. Für alle, denen der richtige Duden zu schwer geworden is. Jedenfalls tauchen die Wörter da nich auf, obwohl die bei uns zu Hause tachtäglich benutzt werden. Mein Frau dötscht nämlich unheimlich viel an wegen ihre kaputte Motorik und sie sacht als Kosewort gerne »ollen Muffkopp« zu mir. Ja, und im Duden steht zwar mein Name drin, also »Knebel«, aber nich mein Kosewort. Und damit sich dat hoffentlich ma ändert, hat man mich als Quasi-Fachmann für unsere Sprache angesprochen.

Mit »unsere Sprache« mein ich gez natürlich nich dies sogenannte Hochdeutsch. Oder auch immer mehr

Englisch. Da kommen ja ständig neue Vokabeln bei uns rein, wie ... wat weiß ich ... »boostern« zum Beispiel. Dat hat ja nix mit Ostern zu tun, sondern kommt ausn Englischen, wo die dat schon immer gemacht haben, denk ich ma. Und dann is dat auch zu uns rübergeschwappt, quasi zusammen mit dem Wort.

Also, darum ... geht et eben nich! Sondern et geht um unsere Sprache hier im Ruhrgebiet. Mein Gott, wat is die töfte! Wat is die ein Gedicht! Wer die nich kennt, der weiß gar nich, wat Lürick is! Moment, gez muss ich ma eben im Duden kucken, ob dat so richtig ... Ah, mit Ypsilon! Und dann am Ende nich wie »Lübeck«, sondern ohne »c«. Lyrik. Wieder wat gelernt, nä?!

Nehm wir ma als Lyrikbeispiel den Satz »Weil der Hennes nich zu Hause war, is den seine Perle wieder abgedackelt«. Großartig! Weil die is ja nich einfach nur wieder gegangen. Die ganze Enttäuschung, vielleicht auch unerfüllte Leidenschaft wird hier in ihre Gangart gespiegelt mit dem Tu-Wort »abdackeln«. Da könnse sich jeden x-beliebigen Dackel ankucken, dann wissense, wie sich die Perle gefühlt hat. Und alles steckt in ein Wort! Und gez ratense ma: Dat steht nich im Duden! Unverständlich!

Aber gez gibt et hier ja den Sonderband, wo se versuchen, dat alles wieder gradezurücken. Spät, aber immerhin! Ich fühl mich dadurch gez jedenfalls schon son bissken befriedigt, also ... innerlich. Dat sind wir dem Ruhrpott nu wirklich schuldig gewesen! Bis weiter hinten im Buch, euern Herbert!

Bevor et losgeht
Einleitung

Kann man etwas beschreiben, das in ständiger Veränderung begriffen ist? Beispiele dafür gibt es. So kann man sicherlich das Wesen eines Flusses beschreiben, obwohl er fließt und von daher in keinem Moment eine feste Gestalt hat.

Und wie ist es mit der Sprache? Auch sie wandelt sich ja, manchmal langsamer, manchmal schneller, aber unterm Strich doch recht stetig von Generation zu Generation. Und nicht alles, was sich die jeweils junge Generation in sprachlicher Hinsicht einfallen lässt, findet die ältere »geil«, »mega« oder »megageil«, sondern oft eher »krass«. Aber das ist ein anderes Thema.

Hinzu kommen bei der Sprache andere Einflüsse wie Zuwanderung, die ihre Spuren hinterlassen. Und doch haben fast alle Menschen auf der Welt eine Vorstellung von zum Beispiel der englischen Sprache.

Die Ruhrgebietssprache dürfte dagegen vielen kein Begriff sein. Sie ist ja leider, leider keine internationale Verkehrssprache. Wie toll wäre das denn?! Da würde endlich mal Tacheles geredet! Dafür sind die sogenannten Ruhris ja Spezialisten.

Fragt man im deutschsprachigen Raum, worum es sich beim Ruhrdeutschen handelt, haben durchaus viele eine Vorstellung davon, wenn auch manchmal eine klischeehafte. Und wenn man eine Vorstellung von etwas hat, dann müsste man dieses Etwas auch beschreiben können. Das will ich in diesem Büchlein versuchen. Es ist unterteilt in die vier großen Kapitel »Annäherung«, »Wortschatz und Wendungen«, »Aussprache und Schreibung« sowie »Grammatik«. Darin erfahren Sie, liebe Leserinnen und Leser, Wissenswertes über die Region Ruhrgebiet, über Entstehung und Wandel des Ruhrdeutschen und dessen sprachliche Fantasie, die sich in vielen Vokabeln und Redewendungen zeigt. Und nicht zuletzt werden die Besonderheiten des Ruhrdeutschen erläutert und mit vielen Beispielen veranschaulicht.

Dabei sind manche Eigenarten, die ich beschreibe, vielleicht schon im Verschwinden begriffen. Und die neuesten sprachlichen Schöpfungen der Jugendlichen im Revier sind noch nicht enthalten. Jedenfalls bin ich ein Autor, der viel Lustiges im Idiom Ruhrdeutsch geschrieben hat – für Comedy, Kabarett und die Theaterbühne.

Meine kleine Betrachtung der Ruhrgebietssprache möchte daher nicht nur Inhaltliches vermitteln. Ich möchte Sie beim Lesen gut unterhalten und gerne auch zum Lachen bringen. Unterstützt werde ich dabei von einigen speziell für dieses Buch geschriebenen »Herbert Knebel«-Geschichten sowie durch die wunderbaren Illustrationen von Rebecca Meyer! Mein besonderer Dank gilt Frau Dr. Melanie Kunkel für ihre hochgradig kompetente Zuarbeit!

Viel Vergnügen wünscht

Sigi Domke

Annäherung

Ruhrgebiet, wat is dat?

Versuch einer Beschreibung

Es existieren zahlreiche mehr oder weniger aktuelle Publikationen zum Thema »Ruhrgebiet«. Da gehört es sich natürlich jeweils, erst einmal zu klären, worum es sich dabei eigentlich handelt. Die Autorinnen und Autoren probieren es mit geografischen, historischen, politischen oder sprachlichen Definitionen, und auch die berühmt-berüchtigte Ruhrgebietsmentalität wird bemüht, um diesem »Phänomen« beizukommen. Am Ende steht eigentlich immer die Erkenntnis, dass alle Betrachtungsweisen ihre Tücken haben und auf die eine oder andere Art und Weise unzulänglich sind. Das Ruhrgebiet zeigt sich irgendwie leicht diffus, ja geradezu widerborstig. Und das, obwohl so ziemlich jeder Mensch in diesem Lande zumindest eine ungefähre Vorstellung von dieser Region haben dürfte. Eine Vorstellung, die natürlich nicht stimmen muss, aber immerhin. Ich sach ma, in jedem Fall isset 'ne Type, dat Revier, wie ja auch viele Ruhris.

Beginnen wir unseren Versuch einer Antwort auf die Frage »Wat is dat?« mit einem Kurztrip durch die Geschichte:

Ende des 18. Jahrhunderts war die Emscher, die Mitte des heutigen Ruhrgebiets von Ost nach West durchziehend, ein stark mäandernder Fluss, an dessen Ufern Wildpferde grasten. An der im Süden gelegenen Ruhr wurde, ausgehend vom lieblichen Muttental in Witten, zwar derweil schon fleißig nach Kohle gegraben. Zwischen diesen beiden Flüssen aber gab es lediglich eine Handvoll am Handelsweg Hellweg gelegene kleinere Handelsstädte und ansonsten außer ein paar Dörfern nicht viel. Irgnswie schnuckelich, aber tote Hose, könnte man sagen. Das änderte sich allerdings schnell. Den Kohleflözen folgend, verlagerte sich der Bergbau zunehmend in nördliche Richtung. Um 1900 zog der wirtschaftliche Boom durch Kohle und Stahl in kurzer Zeit eine große Zahl von Arbeitskräften an. Die Kernstädte der Region wuchsen enorm. Die Emscher wurde kanalisiert und für lange Zeit zur Abwasserkloake der angrenzenden Städte. Mein lieber Scholli, wat muffte dat da anne Köttelbecke!

Vom Ruhrgebiet spricht man erst seit den 1920er-Jahren. Der Begriff orientiert sich an den vom 1920 gegründeten »Siedlungsverband Ruhrkohlenbezirk« festgelegten Grenzen. Aus ihm ging der »Regionalverband Ruhr« (RVR) hervor. Heute ist das Ruhrgebiet mit über fünf Millionen Einwohnern der größte Ballungsraum Deutschlands. Er umfasst in westöstlicher Ausrichtung das Gebiet von Sonsbeck bis Hamm, in nordsüdlicher das von Hamminkeln und Haltern bis Breckerfeld. Der geografische Mittelpunkt des Reviers wurde auf den Meter genau berechnet und liegt an der Rolandstraße in Herne-Röhlinghausen. Wer gerne im Mittelpunkt steht, kann diesen Ort besuchen. Wenn man über einen Granitstein mit Inschrift stolpert, ist man am Ziel.

Der gesamte Bereich zeigt allerdings ganz unterschiedliche Gesichter. In der Gegend um Haltern, mit seinen Seen, zarten Wäldern und Heidelandschaften, fühlt man sich ins Münsterland versetzt, während man sich in Hattingen eher im Bergischen Land wähnt. Und vermutlich tritt man niemandem in diesen beiden Städten zu nahe, wenn man behauptet, dass sich viele ihrer Bewohnerinnen und

Bewohner nicht mehr als Teil des Ruhrgebiets empfinden. In diesen beschaulichen Orten will einfach das Ruhrgebietsgefühl nicht aufkommen – ein Phänomen, das man auch im Essener Süden, rund um den Baldeneysee, schon beobachten kann.

Dieses Gefühl entsteht am ehesten entlang und zwischen den Verkehrsadern A 40 und A 42, wenn man hinter den Schallschutzwänden oder dort, wo es keine gibt, die Häuserschluchten wahrnimmt und hin und wieder ein Monument der Schwerindustrieepoche. Also da, wo et immer noch en bissken schäbbich is. Es hat etwas zu tun mit dieser leicht gleichförmigen urbanen Dichte, die dann aber doch wieder nicht so dicht ist wie ein Block voller Wolkenkratzer in New York, sondern überraschend häufig durchzogen von grünen Oasen.

Das Gefühl entsteht also eher in den Kernstädten Duisburg, Oberhausen, Bottrop, Essen, Gelsenkirchen und Bochum, dem ehemaligen Kohlenpott. Zumindest der Osten Dortmunds franst dann schon ins Sauerländische aus. Die Bezeichnung »Kohlenpott« wird heute übrigens nicht mehr verwendet, »Ruhrpott« aber schon! Denn ein »melting pot«, ein Schmelztiegel verschiedener Kulturen, ist das Ruhrgebiet natürlich immer noch, vielleicht sogar mehr als in früheren Zeiten. Hier is schon bunt, dat muss man sagen! Auch mit en bissken Stolz!

Eine »Metropole Ruhr«, wie oft von Marketingstrategen herbeigebetet, ist es allerdings nun wiederum nicht und wird es wohl – hoffentlich! – auch nicht werden. Denn eine Stärke des Reviers liegt durchaus in seiner Kleinräumigkeit.

Und natürlich hat dieses spezielle Gefühl zu tun mit den Menschen, die hier beheimatet sind. Die beileibe nicht alle die gleiche Sprache sprechen, und doch hat man in der Regel den Eindruck, dass Verständigung möglich ist. Manchmal reicht da ein lockerer Spruch. Und wenn der nicht auf Ruhrdeutsch daherkommt, dann stimmt aber doch der Tonfall.

Das Ruhrgebiet hat sich in den rund 200 Jahren seiner Geschichte – wenn man die ersten, noch vereinzelten Industrieansiedlungen nach 1800 als Startpunkt nimmt – rasant verändert. Es wandelte sich von einer ländlich geprägten Gegend hin zu einem Industriemoloch, weiter zu einer Region, die durch die »Internationale Bauausstellung Emscher Park«, kurz IBA, in den Jahren 1989 bis 1999 zu einer Art Modell wurde. Das Revier war plötzlich richtungsweisend für die Umgestaltung einer ehemaligen Industrieregion hin zu einem Städtegebilde, in dem Lebensqualität, nicht zuletzt durch Grün, Bildungseinrichtungen und Kultur, ein wichtiger Standortfaktor geworden ist. Mit der IBA wurde das Ruhrgebiet zum ersten Mal als Ganzes gedacht und geplant und vielleicht haben sich dadurch auch die hier lebenden Menschen zum ersten Mal wirklich als Ruhrgebietlerinnen und Ruhrgebietler begriffen. Das Klischeeruhrgebiet ist da – mitsamt seiner Sprache – schon ein ganzes Stück weit Vergangenheit und vielleicht wird es gerade deshalb kultiviert, auch auf der Bühne. Man kann das aber auch Geschichtsbewusstsein nennen und dementsprechend pflegen. Hauptsache, man bleibt nicht dabei stehen! Unwahrscheinlich, denn das Ruhrgebiet war zeit seines Bestehens eine Region in fortwährendem Wandel. Und wenne mich frachs, kann dat auch so bleiben. Gibt ja genuch, wat sich ma ändern müsste!

Wo et herkommt

Entstehung des Ruhrdeutschen

Vorab sei hier schon mal festgestellt: Die Ruhrgebietssprache wurde nicht von Jürgen von Manger alias Adolf
Tegtmeier erfunden, auch wenn das viele glauben. Erfunden wurde sie natürlich auch von niemand anderem. Sie hat
sich, wie alle Sprachen, Kunstsprachen wie das Esperanto
einmal ausgenommen, entwickelt.

Wir schauen zurück auf die ersten Jahre des 19. Jahrhunderts und damit auf den überschaubaren Beginn der
Industrialisierung im späteren Ruhrgebiet. In dem dicken
Wälzer »Chronik des Ruhrgebiets« findet sich eine Abbil-
dung der kruppschen Gussstahlfabrik in Essen-Altenessen.
Man sieht drei hübsche Fachwerkhäuser und wähnt sich auf
einem Bauernhof, stünde da neben einem der Häuser nicht
ein großer Schornstein, aus dem Rauch aufsteigt.

Hätte man den Nachbarn dieser »Fabrik« prophezeit, wie
es hundert Jahre später in Altenessen aussehen würde, sie
hätten sich wohl mit dem Finger an die Stirn getippt. Wobei
ich nicht weiß, ob diese Geste, die ja bedeutet: »Du ticks wohl
nich mehr richtich«, da wirklich schon verwendet wurde.

Gesagt hätte das so niemand. Es wurde westfälisches
Platt gesprochen, das mit dem Ruhrdeutschen nur bedingte
Ähnlichkeiten aufweist. Eine wesentliche Schnittmenge
liegt allerdings in der Aussprache der kleinen Wörter »das«
und »was«. Denn als Endkonsonant erklingt dort eindeutig
ein »t«. Da haben wir's, das »dat« und »wat«! Und damit
doch tiefstes Ruhrdeutsch, oder? Tja, auch, aber eben nicht
nur! Das, was für viele so typisch für das Ruhrdeutsche ist,

findet sich überall in plattdeutschen Dialekten. Mehr dazu in den Kapiteln zum Plattdeutschen und zu »dat« und »wat«.

Zurück zur Industrialisierung! Wie jeder weiß, blieb es nicht bei der schnuckeligen kruppschen Gussstahlfabrik. In wenigen Jahrzehnten entstanden Fabriken und Zechen ohne Ende, was die Zuwanderung von vielen Arbeitskräften mit ihren Familien nach sich zog. Und alle brachten sie ihre Dialekte oder Sprachen mit, die eine Zeit lang nebeneinanderher existierten.

Allerdings waren Dialekte allgemein eher auf dem Rückzug. In der Schule wurde die hochdeutsche Schriftsprache gelehrt und gelernt und verständigen musste man sich auch zunehmend mit Menschen aus anderen Regionen. Da mussten die Bayern und die Friesen sich irgendwo treffen und das war das Hochdeutsche. Trotzdem verschwanden die Dialekte natürlich nicht ganz.

Auch speziell im Ruhrgebiet hätten sich die ursprünglich dort gesprochenen Dialekte angesichts der vielen Zugewanderten nicht als Verkehrssprache geeignet. Es bildeten sich so nach und nach sprachliche Eigenarten heraus, die eine Mischung waren aus einem verwaschenen Hochdeutsch, wie ich es gerne nenne, und verschiedenen Zutaten aus den ursprünglich dort gesprochenen Dialekten. Der Einfluss aus anderen Sprachen, wie insbesondere dem Polnischen, spielte dagegen – entgegen einem sich hartnäckig haltenden Mythos – nur eine untergeordnete Rolle. Die meisten Merkmale des Ruhrdeutschen, wie sie auch in diesem Büchlein besprochen werden, sind übrigens nicht »exklusiv«, sondern auch in anderen Regionen zu hören. Aber in dieser speziellen Zusammenstellung gibt es sie nur hier.

Ab den Zwanzigerjahren des 20. Jahrhunderts kann man von einer typischen Ruhrgebietssprache sprechen. Wat lange währt, wird endlich wat. Und da Sprache eine kreative Angelegenheit ist, entstanden auch viele eigene Wortschöpfungen und Redewendungen. Fettich is dat Ruhrdeutsch! Oder eben doch nicht fertig, denn es verändert sich ja. Gott sei Dank, denn was sich nicht mehr verändert, ist wohl längst verstorben.

Nochn Döneken?

Plattdeutsch

Ja klar! Und mit dem »Döneken«, dem plattdeutschen Wort, welches »kleine Erzählung, Geschichte, Anekdote mit meist lustigem Charakter« bedeutet, sind wir auch schon mitten im Thema! Denn Dönekes werden im Ruhrgebiet gerne und ständig erzählt. Und manche werden schwören, es mit einer waschechten Ruhrdeutschvokabel zu tun zu haben.

Hier geht es nun jedoch nicht um Geschichten, sondern um Geschichte. Und da erfahren wir, dass in der Region des heutigen Ruhrgebiets vor der Industrialisierung Plattdeutsch gesprochen wurde. Die Sprachwissenschaft spricht lieber vom »Niederdeutschen«, allerdings nicht, wie man vermuten könnte, wegen der Nähe zu den Niederlanden, sondern weil die Topografie flach ist. Quasi bergfrei (bis auf die nördlichen Mittelgebirge, die noch dazugehören). »Hochdeutsch« sprach man damals dagegen nur in den höher gelegenen Regionen des Landes, also in der Mitte und im Süden Deutschlands. Und dat is gez doch fast schon widder en Döneken!

Getrennt wurden Hoch- und Plattdeutsch von einer Dialektgrenze, die es aber nicht so genau nahm wie andere Grenzen auf der Welt. Oberhalb und unterhalb der Grenze unterschied sich die Aussprache zwar, der Übergang war aber fließend, genau wie heute beispielsweise zwischen dem Rheinischen und dem Ruhrdeutschen.

Jedenfalls, nördlich dieser Linien finden sich zum Beispiel ein »t« und ein »k« nach einem Vokal, wenn südlich davon ein »s« bzw. ein »ch« erklingen, also »dat/wat/allet« statt »das/was/alles«, »maken« statt »machen« oder »ik« statt »ich«.

Weil diese alten (heute weitgehend verdrängten) Dialekte ihre Spuren im Ruhrdeutschen hinterlassen haben, sagt man im Ruhrpott also heute noch »dat« und »wat«, gelegentlich auch »allet« oder »et«. Der nachhaltige Einfluss des Plattdeutschen auf das Ruhrdeutsche zeigt sich auch bei anderen sprachlichen Besonderheiten, wie der Verwechslung von Dativ und Akkusativ oder dem Gebrauch der Verlaufsform, dazu später mehr.

Zu allem Überfluss verläuft durch das Ruhrgebiet übrigens auch noch eine Grenze zwischen Ost und West, die die zum Plattdeutschen gehörigen westfälischen Dialekte von den niederrheinischen trennt, die auch als niederfränkisch bezeichnet werden. Letztere haben sich aus dieser ganzen Hoch- und Plattdeutschabgrenzung schön herausgehalten und sind keinem von beiden eindeutig zuzuordnen. Immerhin erklärt diese Grenze zwischen den früher hier verbreiteten Dialekten, warum das westliche Ruhrgebiet (mit Duisburg, Oberhausen, Mülheim) mitunter anders klingt und spricht als das östliche (mit Essen, Bochum, Dortmund).

Fehlt noch was? Ach ja, es haben sich auch noch andere Wörter aus dem Plattdeutschen ins Ruhrdeutsche herübergerettet. Eines der wichtigsten ist sicherlich »pöhlen«, also »Fußball spielen« (verbreitet vor allem im östlichen Ruhrgebiet). Gepöhlt wird hier ja nu wirklich massich! Und gebolzt und gekickt. Gibt Schlimmeret!

So wie Bairisch oder wat?

Ist Ruhrdeutsch ein Dialekt?

Ja, ist das denn überhaupt eine Frage? Aus Sicht der Sprachwissenschaft ist es das nicht. Denn da gilt das Ruhrdeutsche eindeutig nicht als Dialekt.

Armer Ruhrpott! Nichma dat gönnse uns!

Nun, mit »gönnen« hat das wohl nichts zu tun. Ruhrdeutsch basiert auf dem Hochdeutschen, beeinflusst von Dialekten, die in der Region ursprünglich gesprochen wurden. Und man muss einfach feststellen, dass das Ruhrdeutsche insgesamt viel näher am hochdeutschen Standard ist als zum Beispiel das Bairische, das Schwäbische, das Hessische oder das Plattdeutsche.

Da kommt Neid auf! Obwohl die Verortung in der Nähe des Hochdeutschen, also als standardnahe Alltagssprache, nach den vielen Verunglimpfungen in der Vergangenheit ja schon fast als Kompliment verstanden werden muss. Und wenn man den Revierbürgerinnen und -bürgern mal beim Sprechen lauscht, wird diese Nähe auch sofort ohren-fällig. Denn da wird je nach Situation nahtlos gewechselt zwischen Ruhr- und Hochdeutsch, obendrein noch mit Abstufungen. In formellen Zusammenhängen herrscht natürlich das Hochdeutsche vor, und höchstens Sprachme-lodie und Tonfall verraten die Ruhris. Wird es informeller, fallen die Endungen bestimmter Wörter gerne weg, und die eine oder andere ruhrdeutsche Eigenart mogelt sich hinein. Heftiges Ruhrdeutsch wird dagegen mittlerweile häufig nur noch bewusst eingesetzt und damit fast zu einer Art Kunstsprache. Der Gebrauch des Ruhrdeutschen im eher privaten Bereich entspricht also in etwa dem von waschechten Dialekten, weshalb man von einem Ersatzdialekt sprechen kann.

In der Sprachwissenschaft wird das Ruhrdeutsche als »Regionalsprache« oder »Regiolekt« bezeichnet, weil es eben in einer bestimmten Region gesprochen wird. Dort haben sich auch noch kleine Varianten herausgebildet und der Übergang zu anderen Regionalsprachen ist fließend. Im Westen fließen wir über in den niederrheinischen Regiolekt, in den anderen Himmelsrichtungen in den westfälischen Regiolekt. Die Ruhris sind also quasi umzingelt, halten aber tapfer an ihren sprachlichen Eigenarten fest.

Hin und wieder taucht als Definition übrigens auch der Begriff »Soziolekt« auf, da das Ruhrdeutsche angeblich nur von bestimmten, eher niederen sozialen Schichten gesprochen wurde. Ruhrdeutsch gehörte nun mal nicht zum »guten Ton«. Heutzutage ist man sich in der Wissenschaft aber einig, dass eine solche Beschreibung die vielfältigen Funktionen und die Verbreitung des Ruhrdeutschen in der Gesellschaft keineswegs richtig erfasst.

Außerhalb der Sprachwissenschaft spricht man dagegen gerne vom »Ruhrgebietsdialekt« oder »Ruhrdialekt«, wenn vom Ruhrdeutschen die Rede ist. Da meint »Dialekt« auch Hochdeutsch, das nur ein bisschen regional gefärbt ist. Spricht ja auch nix dagegen. Egal, wat et is, Hauptsache, man weiß, wie et geht!

Gez ma in lustich!

Kabarett und Comedy

Ausgerechnet ein aus Koblenz gebürtiger studierter Jurist war wohl der Erste, der in den Medien eine klingende Lanze für die Ruhrgebietssprache brach. (Die ruhrdeutschen »Kumpel Anton«-Geschichten von Wilhelm Herbert Koch, die bereits seit 1954 in der Westdeutschen Allgemeinen Zeitung abgedruckt wurden, konnte man schließlich nur lesen.) In der Silvestersendung des NDR im Jahre 1961 hatte ein Beitrag von Jürgen von Manger, vorgetragen in Ruhrgebietssprache, einen überraschend großen Erfolg. Von Mangers Figur des »Adolf Tegtmeier« wurde in der Folge der »Botschafter« des Ruhrdeutschen, ein recht beschränkter Botschafter allerdings, denn die Komik der Figur lag, neben einem eigenwilligen Gebrauch der Grammatik, auch in einer ungeheuren Umständlichkeit des Denkens und damit auch der Sprache. Mit die bekanntesten Sketche sind »Die Fahrprüfung« und »Der Schwiegermuttermörder«.

Zitat: »Ich möchte es den Gerichte mitteilen, dass mir diese Untat leidtut und dass ich versuchen will, durch ein schönes Leben, die Schwiegermutter wieder gradebügeln, dat dat schön alles wieder am Klappen kommt.«

Trotz, vielleicht auch gerade wegen dieser Beschränktheit war die Figur sympathisch. In jedem Fall hatte sie Einfluss auf die nachfolgenden Generationen, die sich in Kabarett und Comedy des Ruhrdeutschen bedienten. Schließlich wird nicht umsonst in Herne jährlich der »Tegtmeiers Erben«-Kleinkunstpreis verliehen.

Schwein kann man nich genuch haben

Eine prominente Vorreiterin in Sachen »Ruhrdeutsch« ist natürlich auch Elke Heidenreich, die mit ihrer Figur der Metzgersgattin »Else Stratmann« ab 1975 Furore machte. In komödiantischen Wortkaskaden verpackte, präzise beobachtete und temporeich vorgetragene Alltagssituationen waren ihr Markenzeichen, bevor sie sich mit ebenso großem Erfolg anderen Genres zuwandte.

Ein anderer Repräsentant der Ruhrgebietskomik ist der Präsentator dieses Buches. Uwe Lyko alias Herbert Knebel ist seit 1988 mit dieser Figur auf den Bühnen Deutschlands unterwegs, zusammen mit seiner Gruppe »Herbert Knebels Affentheater«, in der ich das Vergnügen hatte, bei den ersten drei Programmen Darsteller, Gitarrist und Autor zu sein.

Die Knebel-Geschichten greifen so ziemlich alles an Alltagsthemen auf, was die Gegenwart zu bieten hat. Dabei lebt die Figur nicht zuletzt von ihren Brüchen, ist optisch zwar ein Relikt der Malochervergangenheit des Ruhrgebiets, dann aber doch überraschend auf der Höhe der Zeit.

Auch Knebel kämpft mit dem Satzbau, den Fremdwörtern und einer entwaffnenden Unlogik im Denken. Wie Tegtmeier spricht auch er kein reines Ruhrdeutsch (das es sowieso nicht wirklich gibt), sondern eine Art Kunstsprache, die sich natürlich zu großen Teilen beim Ruhrpottslang bedient. Und auch wenn von Manger und Lyko weit mehr als nur »Tegtmeier« und »Knebel« auf der Pfanne hatten und haben, verdanken sie ihren Ruf doch in erster Linie den beiden Ruhrgebietsfiguren.

Noch vor dem »Affentheater« formierte sich das fünfköpfige »Theater Missfits«, schrumpfte dann aber schnell zum Duo, bestehend aus Gerburg Jahnke und Stephanie Überall. Die beiden boten alles andere als reine Ruhrgebietsprogramme, hatten aber mit den Kunstfiguren »Lisbeth« und »Matta« auch zwei handfeste Vertreterinnen des Genres in petto.

Wie auch Knebel waren die beiden früh medial präsent und ebneten so den Weg für die jüngeren Comedians, die sich zumindest teilweise des Ruhrdeutschen bedienen. Dazu gehört sicherlich Atze Schröder, bekannt durch seine lockeren, prolligen Sprüche, seine Minipli und natürlich die Fernsehserie »Alles Atze«. Ohne den Anspruch auf Vollständigkeit sind zu nennen: Frank Goosen, Torsten Sträter, Kai Magnus Sting, Hennes Bender und Lioba Albus.

Der leider verstorbene Ludger Stratmann war mit seiner »Jupp«-Figur waschechter Ruhrpott und auch der begnadete Musiker und Geschichtenerzähler Helge Schneider steht durchaus für das Ruhrgebiet, auch wenn er, wie die anderen genannten, breiter aufgestellt ist. Sie alle stärkten über die Jahre durch ihre Kunst und mediale Präsenz das Selbstwertgefühl vieler Menschen im Ruhrgebiet, deren Sprache auf einmal eine ungeahnte Aufwertung erfahren hatte. Der ehemalige Makel, Ruhrdeutsch zu sprechen, wurde nun mancherorts regelrecht kultiviert. Schließlich lachte die halbe Republik über die Comedians und den typischen Ruhrgebietswitz, da konnte man schon ein wenig stolz auf die Eigenarten der Region sein. Gelacht wird natürlich immer noch, zum Beispiel beim jährlichen Zeltfestival Ruhr am Kemnader See, wo es jede Menge Ruhrdeutsch zu hören gibt.

Und ich sach ma so: Besser als wie Tacheles kannsse ja auch nich reden. Und dat ham wir schließlich aufe Pfanne!

En Annemonteur für zum Bespaßen

Mediolekt

Wat is dat denn fürn Satz?!

Nun, das ist ein typischer Ruhrdeutschsatz.

Und wat soll en »Annemonteur« sein?! Dat Wort gibbet doch gar nich!

Zumindest existiert es nicht in dieser eigenwilligen Schreibweise. Es taucht in einer der ersten Geschichten von Herbert Knebel auf und gemeint ist damit der »Animateur«. Es handelt sich hierbei also um die falsche Aussprache eines Fremdwortes. Derartige »Verdreher« gab und gibt es zuhauf, auch bei anderen Ruhrpott-Comedyfiguren. Dass Fremdwörter und Übernahmen aus anderen Sprachen zumindest ungenau ausgesprochen werden, kommt allerdings auf der ganzen Welt vor und ist von daher keine besondere Eigenart der Menschen im Ruhrgebiet. Aber natürlich tun sich auch diese mit manchen Wörtern schwer, die sie oft nur vom Hören her kennen, was in bildungsferneren Schichten wohl häufiger vorkommt als in bildungsnahen. Die Figuren der Ruhrpott-Comedians, ob nun Adolf Tegtmeier, Else Stratmann, Herbert Knebel, Doktor Stratmanns »Jupp«, Atze Schröder oder Lisbett und Matta der »Missfits«, sind eindeutig nicht bildungsnah. Und so wird der sprachliche Fremdwortlapsus, dem man durchaus im Alltag begegnet, weidlich genutzt, um Komik zu erzeugen.

Der »Annemonteur« ist also ein Kunstwort, das so im Ruhrdeutschen, außer von Herbert Knebel, vermutlich von niemand anderem verwendet wird. Und damit haben wir es hier mit einem Beispiel für einen »Mediolekt« zu tun, wenn man so will, eine Bühnensprache, die aber auch Eingang in Film und Literatur gefunden hat.

In diesem Mediolekt tauchen nicht nur Wortschöpfungen dieser Art häufiger auf als im tatsächlich gesprochenen Ruhrdeutsch, sondern auch und vor allem all die vielen sprachlichen Eigenheiten des Ruhrdeutschen, die in diesem Band so ausführlich beschrieben werden: vom Wortschatz über die Aussprache bis hin zur Grammatik – »für zum Bespaßen« eben. Bestimmte Wörter, Ausdrücke und Sprüche, wie »Hömma!« oder »mit Schmackes«, haben es gar zum Status des Ruhrpottbotschafters gebracht und finden sich auf Aufklebern, Magneten, Postkarten und vielerlei Ruhrgebietssouvenirs. Auch in der Werbung wird Ruhrdeutsch gerne verwendet.

Das Besondere: Mit all seinen Eigenheiten wirkt der Mediolekt nicht selten zurück auf den Sprachgebrauch, auch bei Leuten, die sonst nicht gerade Ruhrdeutsch sprechen. Zu den Hoch-Zeiten der Herbert-Knebel-Popularität konnte man in Gesprächen durchaus häufig Knebel-Zitate vernehmen, zum Beispiel »Mir hängt die Pumpe auf halb acht!« aus der Rauchernummer des ersten Programms. Manch ein Spruch wurde eine Art geflügeltes Wort, so auch Doktor Stratmanns Programmtitel »Hauptsache, ich werde geholfen!« oder »Wennze weiß, watte wills, musse machen, datte hinkomms« von den Missfits. Und wenn jemand bei Tisch sagt: »Gib mich ma die Gürkskes!«, ist dies heute mit einiger Wahrscheinlichkeit ein bewusstes Spiel mit der Sprache.

Über die Jahre haben die Herbert-Knebel-Autoren übrigens nicht nur den übermäßigen Einsatz von »falschen«

Fremdwörtern reduziert, sondern auch den von klischee-haftem Ruhrdeutsch, ganz einfach, weil man es auch im richtigen Leben immer seltener so ausgeprägt hört.

Zu guter Letzt sei hier noch erwähnt, dass es auch ausgehend von der Schriftform zu falsch ausgesprochenen Fremdwörtern kommen kann. Ein schönes Beispiel ist dafür das »Corned Beef«, das nicht nur im Ruhrgebiet zu »Kornet Beff« wurde. Egal, Hauptsache, is lecker und nich diese »Haute Kusine« da!

Voll assich

Prestige

Als »voll assich«, also »ziemlich proletenhaft«, würde man heutzutage wohl niemanden mehr bezeichnen, nur weil er oder sie Ruhrdeutsch spricht. Das Wort ist ohnehin diskri-minierend und sollte aus dem Sprachgebrauch verbannt werden. In manchen Zusammenhängen, zum Beispiel bei Begrü-ßungen, gehört das Ruhrdeutsche jedenfalls ja fast schon zum guten Ton oder ist zumindest ein Ritual geworden:

»Wie is?«, fragt die eine.

»Muss«, antwortet der andere.

Und beide wissen, dass das eine Referenz an die Ver-gangenheit des Ruhrgebiets und dessen oft lakonische Sprache ist.

Über viele Jahre war das Ruhrdeutsche auf der Prestigeskala aber in der Tat deutlich im Minusbereich angesiedelt. Wer aus dem Ruhrgebiet kam und etwas auf sich hielt, versuchte daher die Sprache seiner Heimatregion zu vermeiden.

Kurioserweise war es ursprünglich genau umgekehrt. Vor der Industrialisierung wurde zwischen Ruhr und Emscher Plattdeutsch gesprochen. In der Mitte des 19. Jahrhunderts taten das die auf den Höfen tätigen Tagelöhner und Mägde immer noch. Das Bürgertum sprach dagegen ein frühes Ruhrdeutsch. Plattdeutsch war für diese »gehobene« Klasse indiskutabel. Die vielen Arbeitskräfte, die in die Region strömten, versuchten sich sprachlich am prestigeträchtigen Vorbild des Bürgertums zu orientieren. Als sie dies auf breiter Front geschafft hatten, drehte ihnen das Bürgertum eine Nase. Ätsch, jetzt seid ihr die »Dummen«! Ausgeprägtes Ruhrdeutsch, auch als »Polnisch-Platt« bezeichnet, war von nun an ein Indiz für fehlende Bildung und einen niedrigen sozialen Status. Insbesondere der Gebrauch von »tun« als Hilfsverb und die Verwechslung von »mir« und »mich« galten als sicheres Erkennungsmerkmal dafür, dass man es mit Mitgliedern der untersten Ruhrpottkaste zu tun hatte.

Das änderte sich erst, als das Ruhrdeutsche Einzug in Film, Fernsehen und Literatur nahm und damit sozusagen hoffähig wurde. Der Bochumer Schauspieler und Sänger Herbert Grönemeyer und Götz George als Kommissar Schimanski wurden zu Identifikationsfiguren eines erstarkten Selbstbewusstseins im Ruhrgebiet. In Kabarett und Comedy wurde demonstriert, dass man auf Ruhrdeutsch ziemlich lustig sein kann. Ich selbst habe schließlich nicht unwesentlich dazu beigetragen, dass auf der Theaterbühne Mundartkomödien ungeahnte Erfolge feiern konnten – etwas, was bis dato nur anderen Regionen Deutschlands vorbehalten war.

Auch die Sprachwissenschaft hat sich ces Ruhrdeutschen angenommen und aufgezeichnet und analysiert, wie im Ruhrgebiet gesprochen wird. Na, und wenn sogar die Wissenschaft sich damit beschäftigt …!

Zum in diesem Fall unguten Schluss bleibt noch zu erwähnen, dass das Ruhrdeutsche in Umfragen zur Beliebtheit von Dialekten oft überhaupt nicht vorkommt, vermutlich weil es nicht als waschechter Dialekt gilt, sondern (wie schon ausgeführt) als »Regiolekt«. Noch ceprimierender ist für die Menschen im Ruhrgebiet aber das Abschneiden im Ranking der unerotischsten Dialekte: Dort landete Ruhrdeutsch bei einer repräsentativen Umfrage von TNS Emnid im Jahre 2007 zusammen mit dem Pfälzischen auf dem ersten Platz, was bedeutet: Einma »dat« und »wat« rausgerutscht, sofort is tote Hose inne Kiste.

Hömma, aber nich für 'ne richtige Ruhrpottperle und ihrn Macker! Da geht dann ers recht die Luzie ab, dat sach ich dir!

WORTSCHATZ UND WENDUNGEN

Herbert Knebel:
Auf Kokolores-Suche

Boh glaubse, ich hab noch wat in den Duden sein Buch gelesen, also ... im Duden. Dat hat der ja kackfrech nach sich benannt. Na ja, aber dat Buch is schon hochinteressant, dat muss man sagen. Also, ich hab regelrecht Blut geleckt bei die Lektüre. Ich bin schon auf Seite 1035. Wahnsinn! So viel Seiten hab ich inne ganze Schulzeit nich gelesen. Ja, aber dat is, wenn ein wat interessiert.

Und da stehen ja auch dolle Sachen drin, zum Beispiel über den Semikolon. Den kannte ich gar nich. Ich dachte ers, dat wär en halber Kolon, weil »semi« kennt man ja von »semiprofessionell«, zu Deutsch »halbprofessionell«. War nur die Frage, wat ein Kolon is. Ja, aber dann wurde da erklärt, dat Semikolon ein Strichpunkt is, also praktisch en Punkt mit Komma. Punkt kannte ich, Komma auch en bisskeen, aber beides zusammen? Wo brauchse dat? Also, im wirklichen Leben gez?

Na ja, egal, ich wollte ja eigentlich ganz wat anderes erzählen. Ich bin nämlich von eine Sache wirklich vonne Socken, und dat sind bestimmte Wörter, die im Duden stehen. Wat hab ich zum Beispiel auf Seite 660 gefunden? Da kommen Sie nie drauf! »Kokolores«! Da hätt ich gewettet, dat dat nich drinsteht. Ja, weil dat ja nich dies Hochdeutsch is, sondern Ruhrpottdeutsch. Als Erklärung für alle die, die nich ausm Revier

kommen, steht da noch: »ugs. für Unsinn«. »Ugs.«
sachte mir nix, aber »Unsinn« is ja richtig. Und ich
wollte aber wissen: Wie kommt man von Unsinn auf
Kokolores? Dat hat ja gar keine Ähnlichkeit mit sich.
Und da war gez mein Forscherdrang geweckt.

Und da fiel mir ein, dat meine Nachbarin, die Ilse
Pieper, en Vogel hat. Aber gez kein anne Klatsche,
sondern en richtigen Vogel, den Koko. Und der hat
wohl en Vogel, also ein anne Klatsche. Der macht von
morgens bis abends nix als Unsinn. Aber ganz doof
isser wohl nich, weil er kann sprechen. Und da hab ich
gedacht, die wissen vielleicht wat und da bin ich rüber
und hab bei die Ilse angeklingelt.

Ich sach: Ilse, is dein Vogel zu sprechen? Da sacht
sie: Ja, leider praktisch immer. Der würd sie kolone
machen mit seine Laberei. Ich sach: Semikolone oder
ganz? Aber dat hat sie gar nich verstanden. Jedenfalls
sind wir dann ins Wohnzimmer, wo der Koko gerade
dabei war, die Gardine aufzuribbeln. Und die Ilse
meinte auch direkt, der hättse nich alle stramm. Sie

hätte den ursprünglich Helmut getauft gehabt, nach ihrn verstorbenen Mann, aber dann hättsen irgendwann umgetauft in Koko. Ich sach: Von Kokolores? Da meinte sie: Wat denn sons? Ich sach: Und wo kommt dat Wort her?

Aber dat konnten weder sie noch der Koko beantworten. Völlige Fehlanzeige! Und da hab ich gedacht, gez hilft nur noch dat Internetz! Und da hab ich da »Kokolores« inne Suchmaschine getan und wat soll ich Sie sagen? Nix Genauet weiß man nich. Et könnte wat mit »Hahn« zu tun haben. Tsss! Son Unsinn! Die Wörter ham ja noch weniger Ähnlichkeit mit sich!

Weiße wat? Ich bin mir auf einma ziemlich sicher, dat mein Vadder dat erfunden hat. Warum nich? Irgendeiner musset ja gewesen sein. Der sachte nämlich immer zu mir: Herbert, du has nur Kokolores im Kopp! Sprachforschung, wirklich hochinteressant!

Glück auf!

Sprache der Bergleute

Natürlich kommt vielen Menschen im Ruhrgebiet beim Stichwort »Bergmannssprache« zuerst der Gruß der Bergleute in den Sinn, denn man hört ihn hier ja immer noch, obwohl der Bergbau selbst Geschichte ist. Er kommt allerdings weniger im Alltag vor als bei Festakten und Reden mit Ruhrgebietsbezug.

Entstanden ist der Gruß schon vor über vierhundert Jahren, und zwar im Erzgebirge. Und auch das bekannte Bergmannslied »Glück auf, der Steiger kommt« ist schon vor 1700 geschrieben worden. Jedenfalls wünschte man sich damit eine sichere Rückkehr nach der Schicht, ein Weg, der in den Anfängen des Bergbaus noch zu Fuß durch den Schacht absolviert wurde und eine oft lange und gefährliche Kletterpartie bedeutete.

Ansonsten hat die Bergmannssprache im Ruhrdeutschen recht wenig Spuren hinterlassen, denn viele Spezialbegriffe waren ja auf den Arbeitsalltag beschränkt. Ausnahmen bilden zum Beispiel die Wörter »Schicht« und »Schacht«, die auch zusammen in der Redewendung »Schicht im Schacht« auftauchen, was so viel bedeutet wie »Schluss/Ende«. Nur »Schicht!« meint das Gleiche. Der Ausdruck kann in unterschiedlichsten Zusammenhängen gebraucht werden, zum Beispiel bei einem Kindergeburtstag:

»Hört ma, gez noch einma Eierlaufen und dann is aber hier Schicht im Schacht!«

Wobei Eierlaufen von unseren kleinen »Digital Natives« nur noch sehr bedingt beherrscht wird. Aber das ist ein anderes Thema.

Die Wendung »Hängen im Schacht« bedeutet dagegen, dass etwas im weiteren Sinne nicht mehr funktioniert:

»Glaubse, kaum liegen en paar Flocken aufe Straße, schon is verkehrsmäßig Hängen im Schacht!«

Die ursprüngliche Verwendung war allerdings eindeutig und bezeichnete ein Hängenbleiben des Förderkorbs im Schacht, was lebensgefährlich sein konnte.

Der »Schacht« selbst hat es außerdem noch zum Synonym für das Klosett gebracht:

»Gez mussich aber ersma aum Schacht, und zwar drin-
gend!«

Eng verbunden mit dem Schacht waren die verschiedenen Sohlen, sozusagen die »Stockwerke« des Kohleabbaus
unter Tage. Da hat es den Ruhris besonders die »siebte
Sohle« angetan, als Bezeichnung für etwas ziemlich Tiefes,
wie beim folgenden Beispiel über einen Tagesbruch, der
durchaus auch nachts passieren kann:

»Hömma, beim Hennes is über Nacht der ganze Gaten
weggesackt. Ein Mordsloch bis runner aufe siebte Sohle!«

Kaum bekannt ist, dass auch die Wendung »vor Ort«
ihren Ursprung im Bergbau hat. »Ort« bezeichnete im
Alt- und Mittelhochdeutschen auch das »äußerste Ende«.
Unter Tage war das das »Ende einer Strecke« und damit
der Ort, an dem gerade die Kohle abgebaut wurde. War
man »vor Ort«, befand man sich also im Zentrum des Ge-
schehens. Diese Bedeutung fand so nach und nach Eingang
in den allgemeinen Sprachgebrauch, besonders aber in den
journalistischen. Hier ein typischer Sportreportersatz auf
Ruhrdeutsch:

»Hömma, hier vor Ort is grad Randale! Die Schwarz-
Gelben kloppen sich mitte Blau-Weißen. Aber frach nich
nach Sonnenschein!«

Zu guter Letzt soll noch der »Graf Koks« erwähnt
werden, also jemand, der ziemlich viel »Kohle« hat oder
zumindest so tut:

»Der kam in sein neuen Schlitten vorgefahren wie Graf
Koks! Nich zum Aushalten!«

Gez is aber Schicht hier!

Nich ganz echt

Pseudoentlehnungen

Die in den Sechzigerjahren in Südeuropa angeworbenen
Arbeitskräfte brachten natürlicherweise ihre Kultur und
ihre Sprache mit in die BRD und besonders auch ins Ruhrgebiet, da hier der Bedarf in der boomenden Industrie groß
war. Eine Art touristische »Gegenbewegung« dazu bildeten die ersten Urlaubsreisen der Deutschen ins Ausland,
bevorzugt nach Italien. Diese wechselseitige Durchdrin-
gung zeigte sich in vielen Schlagern und ebenso in einer
recht liebevollen Aneignung bestimmter Sprachelemente
des Italienischen.

Zum einen gingen Vokabeln wie »finito« oder »basta«
in den deutschen Sprachgebrauch ein, zum anderen entstanden Wortschöpfungen, die aufgrund lautlicher Ähnlichkeiten italienisch klingen, es aber nur zum Teil oder gar
nicht sind. Man spricht hier von »Pseudoentlehnungen«
oder »Scheinentlehnungen«. So ist die zweite Hälfte des
Wortes »picobello«, was so viel wie »tadellos« oder »sehr
sauber, ordentlich« bedeutet, eindeutig italienisch, denn
»bello« bedeutet »schön«, nach »pico« sucht man aber
vergebens. Kein Wunder, denn es handelt sich vermutlich
um eine scherzhafte Abwandlung von »piek-« in »piekfein«. Dieses wiederum stammt aus dem plattdeutschen
»pük« (»erlesen, fein«). Demnach ist »picobello« insgesamt eine scherzhafte, italienisierende Abwandlung
von »piekfein«. Der Italiener jedenfalls kennt »picobello«
nicht, es sei denn, er oder sie lebt in Deutschland. Der Gebrauch dieser Wortschöpfung ist schließlich nicht auf das

Ruhrgebiet beschränkt. Schreiben würde man es hier eher mit »ck«, denn das »i« wird kurz gesprochen. Und so klingt es dann doch wieder sehr nach »Ruhrpott trifft Italien«:

»Der Nobbi war ja immer son Schlönz, aber wo ich gez bei ihm auf Besuch war, sah die Bude pickobello aus!«

Eine schöne Variante bildet das Fantasiewort »schickobello«:

»Hömma, schickobello, dein neuer Fummel!«

Das muss man nicht übersetzen, oder?

Gerne verwendet wird hier auch der Ausdruck »alles/allet paletti«, der für »alles in Ordnung« steht. Ähnliche Wörter gibt es mit »pallet« (»retten, bewahren«) im Hebräischen und mit »paletta« (»Tortenheber«) im Italienischen. »Alles Tortenheber« macht da eindeutig weniger Sinn als »alles gerettet«, aber beides kann man getrost ausschließen. Möglicherweise handelt es sich um eine scherzhafte Bildung in Anlehnung an die Stapelpalette, die in den Fünfzigerjahren aufkam. Gebraucht wird es häufig bei Begrüßungen:

»Und? Alles paletti, du alten Säger?!«

Rein italienisierend ist das schöne Wort »futschikato« (»weg, kaputt«). Da steckt natürlich »futsch« drin, was ja dieselbe Bedeutung hat, aber längst nicht so lustig klingt.

»Der Kalle hat die ganze Knete in eine Nacht verballert! Dat ganze Erbe futschikato!«

Die Zuneigung zu Italien ging im Ruhrgebiet übrigens so weit, dass es zu, wenn auch ironischen, Umtaufen kam. So wurde aus dem Baldeneysee der »Lago di Baldino« und aus einer gewöhnlichen Abraumhalde ein »Monte Schlacko«. Aber auch aus dem Spott spricht hier eine gewisse Zuneigung für die heimischen »Sehenswürdigkeiten«.

Nich ganz echt

Das Wort »rabotti« (»Arbeit, Geld«) klingt wegen der Endung auch ein wenig italienisch, ist aber slawischen Ursprungs und keine Pseudoentlehnung. Man hört es nur noch selten. Verwendet wurde es in der Redewendung »rabotti machen« (»für Lohn arbeiten«) sowie als Ausruf »Rabotti, rabotti!« (»Jetzt aber schnell!«):

»Hömma, du Schnarchnase, gez ma rabotti, rabotti!«

Pseudoentlehnungen gibt es natürlich nicht nur aus dem Italienischen, sondern auch aus anderen Sprachen. Für das Ruhrdeutsche wird im Kapitel zum polnischen Einfluss noch mal von ihnen die Rede sein.

Und zum Schluss sei noch folgende wichtige Anmerkung erlaubt: Bei »Mamma Lalla« handelt es sich nicht um eine italienische Mutter mit musikalischem Vornamen, sondern um die Aufforderung, Musik zu machen:

»Hömma, wir sind doch hier auf Trallafitti. Dann mamma ordentlich Lalla!«

Spachteln gehen

Kulinarisches

Dass das Ruhrgebiet in kulinarischer Hinsicht nicht mit der Haute Cuisine in Verbindung gebracht wird, haben die Ruhris sich selbst zuzuschreiben. Verben, die »essen« bedeuten, wie »mampfen«, »futtern«, »spachteln« oder »sich etwas reinpfeifen/reinziehen«, verweisen schon vom Klang her auf einen robusten Umgang in Sachen

Ach wat schön ...

Nahrungsaufnahme und der passt dann nicht zu einer verfeinerten Kochkunst. Dafür gab es in früheren Zeiten auch keinen Platz, wenn körperliche Schwerstarbeit zu leisten war, mal ganz abgesehen von den dürftigen finanziellen Mitteln, die für das Essen zur Verfügung standen. Die Männer hatten ihren »Henkelmann« dabei, eine Art Metallgefäß, das auch warme Mahlzeiten beinhalten konnte, vielleicht einen Eintopf oder auch »Pellemänner«, also Pellkartoffeln, zum Beispiel mit Heringsstipp. In der Brotdose fanden sich »Bütterken«, »Stullen«, »Kniften« oder »Dubbels«, allesamt belegte Butterbrote, letztere zusammengeklappt. »Kohldampf« (»Hunger«) war aufgrund der Arbeit jedenfalls genug vorhanden.

Bände spricht jedoch, dass es einige ruhrdeutsche Wörter für unappetitliches Essen gibt, aber keine für das Gegenteil. So kann ein Gericht »labberich«, also »fade« schmecken, eine »Mampe« oder »Plempe« sein, ein »matschiges, breiiges Essen«, oder eine »Plörre«, eine »dünne, geschmacksarme Suppe«. Als »Plörre« wird aber gerne auch ein Kaffee bezeichnet, der dem mittlerweile gehobenen Geschmackssinn, den 2000-Euro-Kaffeemaschinen (auch in Privathaushalten) prägen, in keiner Weise gerecht wird.

Heute ist die Küche, egal ob zu Hause oder im Restaurant, breit und international aufgestellt. »Panhas«, eine Art Arme-Leute-Essen aus Schlachtresten, ist weitestgehend Vergangenheit. Was nicht heißt, dass es nur noch vornehm zugeht. Die Ruhris gehen auch noch spachteln, und zwar gerne in die Döner- oder Pommesbude, die selbstironisch auch »Frittentempel« genannt wird. Dort gibt es den »Flattermann«, ein halbes Hähnchen, mit »Pommes Rot-Weiß« oder »Pommes Schranke«, also mit

Ketchup und Mayonnaise, die auch als »Matsche« bezeichnet wird. Und natürlich gibt es die Currywurst, die ja von Herbert Grönemeyer in einem der wenigen Ruhrdeutschlieder verewigt wurde. Wird sie zusammen mit der Portion Pommes serviert, spricht man auch scherzhaft und wiederum selbstironisch von der »Manta-Platte« oder dem »Schimanski-Teller«. Erstere Bezeichnung bezieht sich auf den »Opel Manta«, seinerzeit das vermeintliche Lieblingsauto des Klischeeproleten. Die zweite Wortschöpfung verweist natürlich auf den Fernsehkommissar Schimanski, der auch eine Schwäche für Fast Food hatte.

Glaubse, gez hab ich durch dat Thema richtich Kohldampf gekricht! Gez geh ich ersma inne Küche, wat prötscheln! Und zwar Schlabberkappes. Dat is Eintopf mit en bissken Fleisch und Kohl. Hach, leben wie Gott in Frankreich!

Allet mit »-ek« und »-ski«

Polnischer Einfluss

Kaum spricht man vom polnischen Einfluss auf die Ruhrgebietssprache, schon wird der »Mottek« als Hinweis darauf, wenn nicht gar als Beweis dafür bemüht. Das polnische Wort für »Hammer« war unter Tage geläufig und irgendwann auch über Tage, nicht nur unter den polnischen Fremdarbeitern, von denen es zum Ende des

19. Jahrhunderts viele gab im Revier. Wenn man aber nach weiteren Beispielen für diesen Einfluss sucht, ist man doch erstaunt über die sehr geringe Ausbeute. Da gibt es noch »Penunsen« (»Geld«) und »Mattka«, einen eher abfälligen Ausdruck für eine alte Frau, die wohl nicht selten polnischer Herkunft war.

Überhaupt war das Ansehen der polnischen Kultur und der polnischstämmigen Bevölkerung eher gering. Von staatlicher deutscher Seite wurde deren »Germanisierung« vorangetrieben. Ein polnischer Sprachunterricht an den Schulen existierte nicht. Und auch wenn es Bestrebungen gab, zum Beispiel von der 1902 in Bochum gegründeten polnischen Berufsvereinigung ZZP, das polnische Kulturgut zu pflegen und dessen Erhalt zu fördern, fügten sich viele Polinnen und Polen dem sozialen und politischen Druck und sprachen zu Hause in der Familie so gut es ging Deutsch, wohl in der Hoffnung, dem Stigma zu entkommen. Gelungene Integration kann man sich durchaus behutsamer und vor allen Dingen auf Augenhöhe vorstellen.

Immerhin hat es auch die polnische Sprache geschafft, ähnlich wie das Italienische, einige Pseudoentlehnungen hervorzurufen, die in der Regel auf »-ek« oder »-ski« enden, letztere Bildung in Anlehnung an die häufig vorkommende Namensendung, wie zum Beispiel in »Sczpanski«. Das heute noch bekannteste Beispiel ist wohl der »Pinnorek«, eine Bezeichnung für einen nicht wirklich definierten Gegenstand.

»Samma, wofür is denn der komische Pinnorek da anne Theke? Zum Festhalten für die Besoffskis?«

Apropos »besoffski« (»betrunken«): Um in den Zustand zu gelangen, muss man »sich ganz lecker ein pitschen«. Das Wort »pitschen« hat mit der Zeit einen Bedeutungswandel erfahren. Bekannt war es ursprünglich mit der Bedeutung »zwicken« und ist übrigens ein naher Verwandter des Verbs »fetzen«. Dass man darunter irgendwann »trinken« verstand, abgeleitet vom polnischen »pić« (»Alkohol«), hat das Ruhrdeutsche aber wahrscheinlich zugewanderten polnischen Bergleuten zu verdanken.

Die Sprachforschung listet auch noch weitere Begriffe mit der Endung »–ek« auf, wie »Pastek« für einen Pastor oder »Schirrek« für einen Schiedsrichter. Gebräuchlich sind die nach meinem Wissen nicht mehr. Der »Schirrek« heißt heute immerhin so ähnlich und wird auf dem Fußballplatz gerne besungen:

»Schirri, wir wissen, wo dein Auto steht!«

Da kann man nur hoffen, dass keiner der Sangesbrüder (Schwestern sind da eher selten) einen Pinnorek dabeihat, mit dem er Sachschaden anrichten kann!

Mein lieber Herr Kokoschinski!
Nachnamen polnischer Herkunft

Ihnen, verehrte Leserinnen und Leser, sei hier direkt erklärt, dass es bei dem oben erwähnten Herrn nicht um einen bestimmten polnischstämmigen Menschen geht. Der Ausruf wird verwendet, um sein Erstaunen über einen

Sachverhalt auszudrücken, im Folgenden zum Beispiel über eine Gewichtszunahme:

»Mein lieber Herr Kokoschinski, du bis ja ausenandergegangen wie son Hefeteilchen!«

Und den »Herrn« kann man auch weglassen: »Mein lieber Kokoschinski!«

Die genaue Herkunft des Ausrufs ist unbekannt. Die ruhrgebietsweite Häufung von Nachnamen, die auf »-ski« enden, ist aber augenfällig und auch statistisch belegbar. Die polnischen Zuwanderer, die es – oft zusammen mit ihren Familien – der Arbeit wegen ins Revier verschlug, haben hier ihre Namensspuren hinterlassen. Häufig begegnet uns daher ein Kowalski, eine Grabowski oder ein Pawlowski.

Schauen Sie einfach mal in ein Telefonbuch einer Ruhr-gebietsstadt, wenn Ihnen eines begegnet! Oder besuchen Sie im Internet das »Digitale Familiennamenwörterbuch Deutschlands«, wo Sie sich die Verteilung von Nachnamen auf einer Deutschlandkarte anzeigen lassen können: Bei Namen wie den gerade genannten ist die hohe Dichte in und um das Ruhrgebiet deutlich erkennbar.

Ebenso deuten die Endungen »–ska«, »–icz«, »–czyk« oder »–ak« auf die polnische Herkunft eines Nachnamens hin. Da gibt es den Gonska, die Janowicz, den Gorczyk oder die Stachowiak.

Wie im Kapitel über den polnischen Einfluss erwähnt, versuchte die deutsche Regierung, die eingewanderten Polinnen und Polen in vielerlei Hinsicht einzugliedern, was sich auch in Namensänderungen widerspiegelte. Mit einer 1901 getätigten Anweisung an den Münsteraner Regie-rungspräsidenten, polnische Namen großzügig einzudeut-schen, wünschte sich der Innenminister des Deutschen Reiches, dass »Namensänderungen der gedachten Art, welche die Verschmelzung des polnischen Elements mit dem deutschen zu fördern geeignet sind, von Seiten der Behörden jede Unterstützung und Erleichterung erfahren werden«.

So kommt es, dass sich der nicht ganz unbekannte Duisburger Tatortkommissar Schimanski eben so schreibt, wie er sich schreibt, und nicht stattdessen »Szymański«.

Viele Polen nahmen die Gelegenheit zur Namensände-rung wahr – wenn auch vielleicht nicht freudig – , weil es dadurch weniger Probleme mit der Aussprache und Schrei-bung der Namen gab und man möglichen Spott vermied. In unserer Schulklasse damals gab es einen Sczpanski (gesprochen in etwa »Schepanski«), und ich weiß nicht, wie oft der Klassenlehrer ihn mit »SCZ-panski« ansprach und sich so lustig machte über die Konsonantenhäufung und damit auch über die polnische Herkunft des Namens.

Manchmal wurden polnische Namen übrigens auch vollständig geändert, wenn zum Beispiel aus einem »Luczak« ein »Lutz« wurde. Und manchmal wurden sie übersetzt. Ein bekanntes Beispiel hierfür ist die Namensänderung eines Spielers des FC Schalke 04: Emil Rothardt, geboren 1905 als Emil Czerwinski; seine Eltern waren aus den Masuren ins Ruhrgebiet eingewandert. In den Zwanzigerjahren änderte Czerwinski seinen Namen in Rothardt – eine sinngemäße Übersetzung, denn polnisch »czerwony« bedeutet auf Deutsch »rot«.

Aber dat macht eben son Pott aus, wie den Ruhrpott. Da wird allet verrührt, und am Ende kommt 'ne ganz eigene Marke dabei raus!

Malochen gehen, wat is dat schön

Jiddischer Einfluss

Es gibt im deutschen Wortschatz zahlreiche Entlehnungen aus dem Jiddischen. Wie und wann genau sie jeweils in das Deutsche gelangt sind, lässt sich oft nicht mehr mit Bestimmtheit sagen.

Hier müssen wir allerdings gleich mit einer Legende zur Wortherkunft aufräumen, und zwar was das Wort »malochen« angeht, das uns bereits in der ironisch gemeinten Überschrift begegnet ist. Es bezeichnet körperlich hartes Arbeiten und war und ist folglich oft alles andere als schön. Sein Ursprung liegt im jiddischen »melocho, meleches«, was so viel wie »Arbeit, Werk« bedeutet und somit noch relativ wertfrei daherkam. Belegt ist es im Deutschen seit Mitte des 18. Jahrhunderts, und zwar in einer Reihe von Regionen. Später tauchte es in vielen wirklich anschaulichen Berufsbezeichnungen auf, die vom Bergmann oder Stahlkocher weit entfernt waren, darunter der »Ti(c)kmalochner« (»Uhrmacher«) oder der »Schnifflingsmelochner« (»Tabakfabrikant«). Im Ruhrgebiet wurde mit dem Wort »malochen« dann zunehmend die, nennen wir es mal »Knochenarbeit« verbunden. Die überwog hier schließlich lange Zeit. Die oft vorgetragene Idee, dass erst polnische Bergleute, die das Wort von polnischen Juden übernommen hatten, es im Ruhrgebiet verbreiteten, ist vor diesem Hintergrund nicht haltbar.

Tatsächlich sind viele jiddische Wörter durch den Kontakt mit Jiddischsprecherinnen und -sprechern im Laufe der Jahrhunderte in die verschiedenen deutschen Dialekte gelangt. Viele kamen auch über das »Rotwelsche« ins Deutsche, eine Art Geheimsprache, deren Wortschatz aus verschiedenen Sprachen stammte und die von unterschiedlichen Randgruppen der Gesellschaft gesprochen wurde wie beispielsweise Wandergewerbetreibenden, aber auch Kriminellen.

Aus dem Rotwelschen stammt zum Beispiel das Wort »Ganove« – als Ausdruck für einen Gauner oder Betrüger. Wobei im ruhrdeutschen Sprachgebrauch ein Ganove nicht kriminell sein muss. Es reicht, wenn seine Handlungsweisen charakterlich etwas zwielichtig daherkommen:

»Glaubse, der Kalle will am liebsten alles für lau (umsonst) haben. Dat is ein Ganove!«

Auch »malochen« stammt ursprünglich aus dem Rotwelschen. Die Vorstellung vom Ruhrgebiet als »Malocherregion« hat sich mittlerweile, wie die Arbeitswelt, gewandelt. Unverändert geblieben ist aber der Eindruck, dass ein anderes jiddisches Wort die Ruhris treffend charakterisiert, nämlich »Tacheles«.

»Gez laber hier nich rum, red ma Tacheles!« meint: »Sag, wie es ist, rede Klartext!« Denn zu viel Geschwafel macht einen bekanntlich ganz »meschugge«, auch ein jiddisches Wort!

Auch »Schmus« – also »leeres Gerede, Geschwätz; Lobhudelei« – kann der Ruhri schlecht abhaben: »Wat hat der mir fürn Schmus erzählt!« Das zugrunde liegende jiddische Wort hat im Deutschen allerdings auch das schöne Wörtchen »schmusen« hervorgebracht. Im Englischen hat sich »to schmooze« mit der Bedeutung »schwätzen, plaudern, schmeicheln« gehalten. Die deutsche Umgangssprache hat dagegen »liebkosen« daraus gemacht. Die Vorlieben sind halt unterschiedlich.

In jedem Fall, so viel is klar, bin ich nich der Einzichste, der Schmusen töfte findet, also regelrecht toll. Auch »töfte« stammt aus dem Jiddischen und hat sich über das Rotwelsche verbreitet. Wer etwas gegen Umlaute hat, kann auch »tofte« sagen. Der berlinerische Ausdruck »dufte« hat übrigens die gleiche Herkunft. Das Wort ist aus der Mode gekommen. Schade eigentlich! Is doch 'ne töfte Bezeichnung!

Watn lecker Teilchen, nä?!

Bestätigungspartikel

»Bestätigungspartikel« – wat is dat denn?!

Nun, das Wort »Partikel« kommt aus dem Lateinischen und bedeutet »Teilchen«, in diesem Fall ein Satzteilchen, das in einer Unterhaltung verwendet wird, um von seinem Gegenüber zur gemachten Aussage eine Bestätigung zu erhalten. Der Witz dabei ist, dass diese Bestätigung in der Regel nicht abgewartet wird, denn da käme das Gespräch oft nicht mehr vom Fleck. Das Teilchen wird nämlich mehr oder weniger ständig eingeflochten, was wohl auch ein Anzeichen dafür ist, dass die Grenze zum Füllwort hier fließend ist. Im Ruhrdeutschen handelt es sich dabei meistens um das kleine Wörtchen »nä«.

»Hömma, ich hab dir doch gestern schon verklickert, nä, dat ich mit dir Schluss mach, nä, wegen de Simone, nä, weiße ja, von bei mir im Büro die ... die Kollegin, nä, und dat musse gez auch ma wirklich akzeptiern tun, nä!«

Wirklich ärgerlich, wenn die frisch Verlassene die Trennung einfach nicht bestätigen will, nä? Ich sach ma, sollse froh sein, datse den Heiopei los is!

Im deutschsprachigen Raum findet man je nach Region verschiedene Bestätigungspartikeln, wie zum Beispiel »gell«, »nich(t)« oder »wa«, und das ist selbst im Ruhrgebiet so. Hier zeigt sich mal wieder, dass das Revier keine Einheit bildet, sondern vielgestaltig daherkommt, auch sprachlich. Hinter der sogenannten Wollgrenze, die

in etwa östlich von Bochum verläuft und somit partikel-
mäßig Dortmund, Unna, Holzwickede, Schwerte und
Fröndenberg vom Rest des Reviers trennt, hört man nämlich traditionell eben dieses »woll« statt »nä«, woll? Ob
sich ein Fröndenberger oder eine -bergerin noch als Teil
des Ruhrgebiets empfindet, ist eine andere Frage. Der
Übergang ins Sauerland, in dem auch »gewollt« wird, ist
jedenfalls fließend.

Nun, wie so manch eine sprachliche Erscheinung nimmt
auch der »woll«-Gebrauch deutlich ab. Dies trifft noch
mehr auf das »wonnich« zu, das in verneinten Sätzen seinen Platz fand und nur noch selten findet.

»Du bis doch nich ganz dicht, wonnich?«

Also, wenn ihr Auswärtige seid, nä, und int Ruhrgebiet
kommt, nä, immer ma en »nä« einbauen beim Sprechen.
Und schon fallt ihr kaum noch auf, nä! Aber nur bis Dortmund, woll?

Boh glaubse!

Interjektionen

»Interjektion« klingt ganz ähnlich wie »Injektion«, meint
aber praktisch das Gegenteil. Bei einer Injektion wird
mittels einer Spritze etwas in den Körper hineingebracht,
bei der Interjektion kommt etwas heraus, nämlich ein Ausruf, zum Beispiel »oh«, wie in »Oh Schreck!« oder »Oh
nein!«.

Natürlich hat das Ruhrdeutsche seine eigenen Ausrufe, deren Verwendung sich allerdings nicht unbedingt auf das Ruhrgebiet beschränkt. Ziemlich typisch für den Ruhrpott ist aber das »boh«, mit dem unser Präsentator Herbert Knebel fast jede seiner Geschichten einleitet. Die Schreibweisen differieren. Man findet in der Literatur auch »boah« oder »bor«, manchmal sogar mit doppeltem »r«. Wobei man nicht wirklich ein »r« hört und höchstens ein angedeutetes »a«. In jedem Fall erklingt das »o« kurz. Das »b« kann auch mal in Richtung »p« tendieren und die Lippen flattern lassen, sodass mehr ein Geräusch als ein Wort entsteht. In jedem Fall handelt es sich um einen Ausruf des Erstaunens:

»Boh, wat is dat denn?! Die Bayern liegen 0 : 7 hinten?!«

Das ist für manch einen Fußballfan vielleicht ein Wunschtraum, wäre sicherlich aber staunenswert. Oft wird das »boh« in Verbindung mit dem »nä« verwendet, also »Boh, nä!«, was übersetzt »Oh nein!« bedeutet, aber zumindest für Ruhris viel eindringlicher klingt.

Dann gibt es noch das häufig verwendete »Boh, ey!«. Da wird es mit der Übersetzung etwas schwierig. Das »ey« wird in der Regel verwendet, wenn sich der Ausruf an jemanden richtet, der anwesend ist. »Oh du!« trifft es aber nicht wirklich. »Ey« kommt auch einzeln vor, zum Beispiel, wenn man jemanden, dessen Namen man nicht kennt oder nennen will, auf sich oder auf etwas aufmerksam machen will:

»Ey! Dat is mein Bier!«

Wie das Beispiel zeigt, wird es oft in kritischen Situationen eingesetzt. Es findet sich aber auch als eine Art

Anhängsel an die Bestätigung »jau« (»ja«), wie in »Jau, ey!«.

Und auch das »jau« taucht einzeln als Ausruf auf, zum Beispiel wenn irgendetwas geklappt hat. »Jau!«, ruft der Hobby-Handwerker aus, als er endlich den Nagel im Holz versenkt hat. Und sie, die Handwerkerin, »jaut« genauso.

Erwähnt werden muss hier noch das »ker«, was einfach ein »Kerl« ohne Endung ist. Es wird aber nicht als Anrede gebraucht, sondern eben als Ausruf, ähnlich wie »Mann!«. (In den westfälischen Dialekten, die im heutigen Ruhrgebiet ursprünglich gesprochen wurden, hatte »Kerl« tatsächlich noch die Bedeutung »Mensch« oder »Mann«.) »Ker« wird oft Sätzen vorangestellt, die ungläubiges Erstaunen oder Ärger ausdrücken:

Dat muss raus!

»Ker, dat gibbet doch nich! Die Pocke will einfach nich in Kasten!«

Heißt übersetzt: »Mann, das gibt es doch nicht! Der Ball will einfach nicht ins Tor!«

Wer es noch blumiger mag, kann das »ker« noch ergänzen, aber das Gleiche meinen:

»Ker inne Kiste!«

Ker, welche Kiste is denn da gemeint?! Ich weißet nich.

Wat 'ne Gurke!

Schimpfwörter

Es sind ganze Bücher verfasst worden über Ruhrgebietsschimpfwörter. Wobei viele davon durchaus auch in anderen Regionen Deutschlands gebräuchlich waren oder sind. Trotzdem liegt es natürlich nahe, bei solch einer Menge an wenig herzlichen Bezeichnungen für die Mitmenschen anzunehmen, dass das Sichbeschimpfen im Ruhrgebiet mehr oder weniger ständig vorkommt und sozusagen zum »guten Ton« gehört. Oder eher zum »schlechten«. Dem ist aber nicht so.

Zuerst einmal kann man feststellen, dass nur wenige Schimpfwörter wirklich rüde daherkommen. Da sind wir gleich bei unserer Überschrift! Wenn jemand als »Gurke« bezeichnet wird, ist das eine eher harmlose Klassifizierung und nun wirklich kein Grund für eine Auseinandersetzung. Und gerade wenn man sich in einem Fußballstadion

Sonne Rappelfott!

aufhält, meint man, es wimmele auf dem Platz nur so von
Gurken. Da würden wir aus dem Streiten gar nicht mehr
herauskommen. Auch ein »Pannemann« (bester Kumpel
vom Blödmann) ist beileibe kein schweres sprachliches
Geschütz. Da sagt der oder die derart Angesprochene

vielleicht: »Ich geb dich gleich ›Pannemann‹!« Und damit sollte die Sache erledigt sein.

Viele Schimpfwörter beschreiben dagegen in oft treffenden Bildern die – zumindest in den Augen des oder der Betrachtenden – charakterlichen oder sonstigen Defizite der betreffenden Person. So ist ein »Blindfisch« jemand, der »keine Augen im Kopf« hat oder zumindest keine Brille auf der Nase und so Dinge nicht sieht, die sich direkt vor dem »Riechkolben« befinden.

Und häufig werden die etwas despektierlichen Bezeichnungen auch rücksichtsvollerweise nur benutzt, wenn die Person nicht anwesend ist:

»Glaubse, der Till is eine Rappelfott! Der macht mich mit sein Gehampel immer ganz meschugge.«

Mit »Fott« ist hier der Hintern gemeint. Und wenn der ständig rappelt … Ich sach ma, dat nervt! Eine »Rappelfott« ist also das Ruhrigegenstück zum »Zappelphilipp«.

Am »Pannemann« wie auch an der »Rappelfott« sieht man sehr schön, dass im Ruhrgebiet viel Wert auf gut klingende Schimpfwörter gelegt wird. Hier kommt eine Auswahl weiterer akustischer Preziosen:

»Bollerkopp« – ein ungehobelter Mensch

»Hibbelfott« – siehe »Rappelfott«!

»Flitzpiepe« – irgendwie unspezifische Bezeichnung für jemanden, von dem oder der man nicht viel hält

»Gibbeltante« – eine dauerlachende Frau

»Spinnewipp« – ein dürres Männlein

»Schissbuchse« – ein Angsthase

»Lauschepper« – jemand, der alles »für umsonst« haben möchte

»Schwachmat« – eine einfältige Person

»Meckerfott« – erklärt sich von selbst (also, mit der »Fott« haben es die Ruhris aber!)

»Quengelkopp« – meist ein Kind, das keine Ruhe gibt

»Miesepitter« – einer, der immer was zu nörgeln hat

»Schmecklecker« (auch »Leckerschmecker«) – jemand, für den beim Essen nur die »Sahneteilchen« (also das Beste) infrage kommen

Die Liste ließe sich fast endlos fortsetzen. Doch trotz der schieren Menge an Schimpfwörtern bleibt festzuhalten: Man kommt auch ohne klar im Ruhrgebiet! Und falls Sie von auswärts kommen und mal als »Heiopei« betitelt werden, einfach »Is klar« sagen – und gut is!

Rubbeldiekatz

Spaßwörter

Sprache ist fantasievoll. Beziehungsweise sind es ja die Sprechenden, die neue Wörter oder Redewendungen kreieren, und man staunt, wie schnell manch eine »Erfindung« Allgemeingut wird. Dafür kommt sie manchmal auch schnell wieder aus der Mode.

Mir scheint, dass die Umgangssprache in puncto Erfindungsgabe noch mehr zu bieten hat als die sogenannte Hochsprache. Sie muss einfach viel weniger Rücksicht nehmen auf das, was sich gehört oder auch nicht. Viele Wortschöpfungen können dabei mit einer gewissen Komik punkten, besonders wenn es sich um zusammengesetzte

Wörter handelt, deren einzelne Bestandteile oft eine völlig andere Bedeutung haben. Andere wiederum klingen einfach lustig.

Diesen »Spaßwörtern« widmet sich dieses Kapitel, denn das Ruhrgebiet hat natürlich jede Menge davon in Gebrauch. Wobei es oft schwierig bis unmöglich ist, herauszufinden, wo solch ein Wort tatsächlich zuerst das feuchte Milieu eines Gaumens verließ. Manche klingen aber so nach Ruhrpott, dass sie eigentlich nur hier entstanden sein können.

Dies trifft auch auf unsere Überschrift zu: »Rubbeldiekatz« wird gerne verwendet, wenn ausgedrückt werden soll, dass etwas schnell und unkompliziert vonstattenging.

»Der Umzuch ging rubbeldiekatz. Die Meike hat ja praktisch nur Jaffamöbel.«

Die Bezeichnung »Jaffamöbel«, hergeleitet von den Apfelsinenkisten, bezeichnet einfache, billige Möbel und ist nur noch selten zu hören. Sinnverwandt mit »rubbeldiekatz« sind die schönen Wortschöpfungen »kawuppdich« und »holladibolla«, die beide »schnell« bedeuten, letztere auch »überstürzt«. Sie sind schon fast lautmalerisch, drücken sie doch klanglich durchaus »Geschwindigkeit« aus.

»Da hat sich die Rasselbande aber kawuppdich verdünnisiert!«

Da hatten die Dötzkes (»kleine Kinder«) wohl wat ausgefressen und weg warnse!

Lustig klingt auch das Wort »Trallafitti«, das »Feier« bedeutet, oder die Bezeichnung »Pipifax« für eine »leicht zu lösende Aufgabe«.

»Hömma, die Schulla (›Schulaufgaben‹) warn echt Pipifax!«

Die »Penntüte« ist dagegen einfach treffend als Bezeichnung für einen Schlafsack. Genauso bi dhaft ist der »Gummiadler«. Dabei handelt es sich um e n zähes Hähnchen, meist ein halbes aus der »Pommesbude«.

Kräftig wird und wurde man davon nicht. Dabei war doch gerade in früheren Zeiten Körperkraft wesentlich bei schwerer Arbeit. Ein schlanker Mann mit überschaubarem Bizeps wurde da schnell zum »Spargeltarzan«, »Hungerhaken« oder »Schmachtlappen«.

»Ich hab son Schmacht!« bedeutet übrigens »Hunger haben«, und zwar großen!

Wenn es ums Trinken geht, finden sich natürlich auch Spaßwörter. So ist ein »Hefeteilchen« eine schöne Umschreibung für ein Glas Bier. Und wenn jemand zu viel davon »verkasematuckelt« (»trinkt«), dann wird er schnell zum »Schluckspecht« oder »Spritkopp«.

POTT-
PLÖRRE

WAT
ZUM
SCHLUCKEN

Im Ruhrdeutschen geht es ja gerne etwas derber zu, so auch bei den Spaßwörtern. Ein »Tintenpisser« ist zum Beispiel so einer wie ich, nämlich einer, der viel Zeit am Schreibtisch verbringt.

Auch der »Rotz« hat es den Ruhris angetan. Es gibt die »Rotzbremse« (»Schnurrbart«), die »Rotzfahne« (»Taschentuch«), den »Rotzkocher« (»Pfeife«) und den »Rotzlöffel« (»frecher Junge«).

Und hier noch ein Rausschmeißersatz aus diesem nun doch etwas ungehobelten Kapitel:

»Hömma, ich hätt dem Torfkopp gleich ein auf dat Zifferblatt (›Gesicht‹) gehauen, aber der krichte Muffensausen und hat sich vom Acker gemacht.«

Wat 'ne Gegend, nä?!

Bräsich inne Birne

Redewendungen

Jede Sprache hat ihre Redewendungen. Manche haben einen historischen Ursprung, der allerdings vielfach in Vergessenheit geraten ist. Andere sind Erfindungen von Einzelnen, die Allgemeingut geworden sind. Manchmal erschließen sich die sprachlichen Bilder unmittelbar, dann wieder überhaupt nicht. Nun, Hauptsache, man weiß, was damit gemeint ist. Hier kommt eine kleine Auswahl von im Ruhrgebiet gebräuchlichen Redewendungen, in denen Körperteile eine Rolle spielen. Fangen wir unten an:

»Wat anne Füße haben.« – Nein, es geht hier nicht um Fußpilz oder Hühneraugen, sondern um Reichtum. Warum der sich an den Füßen manifestiert, ich weißet nich.

»Der Enne ihr neuen Kavalier soll ja ordentlich wat anne Füße haben!«

»Aufe Füße fallen.« – Fällt man auf die Füße, ist man zwar irgendwie gefallen, steht aber eigentlich schon wieder. Ein Stehaufmännchen eben, das Glück im Unglück hat.

»Ich begreif et nich, der olle Hasenkamp tut ein Griff int Klo nachm andern mit seine bekloppten Geschäftsideen und fällt aber immer wieder aufe Füße!«

»Sich innen Hintern beißen.« – Nein, es geht hier nicht um eine artistische Meisterleistung, sondern darum, sich über sich selbst gehörig zu ärgern.

»Ich könnt mich innen Hintern beißen, dat ich schon wieder den Valentin sein Tach verschwitzt hab! Da erwartet die Conny doch Blümkes.«

»Ummen Bart streichen.« – Das Kuriose daran ist: Um den Bart kann man jemandem streichen, auch wenn er gar keinen hat. Es geht nämlich darum, sich einzuschmeicheln.

»Wenne dem Papa en bissken ummen Bart streichs, dann geht der bestimmt mit dir nachen Konzert, obwohl der fies für die Rapmusik is.«

»Vonne Backe putzen.« – Hier handelt es sich nicht um einen Hygienevorgang, sondern um einen unfreiwilligen Wunschverzicht.

»Hömma, Leonie, wenne hier weiter nur am Quengeln bis aufe Kirmes, dann kannsse dir die Geisterbahn vonne Backe putzen!«

»Inne Haare schmieren.« – Dazu gehören immer zwei Personen: eine, die etwas möchte, und eine, der das egal ist. Im folgenden Fall gehen die Interessen sehr auseinander:

»Hömma, unsern Lyrik-Vorleseabend kannsse dir heute inne Haar schmieren! Ich geh mir ein schnasseln, verstehse? Ein ballern. Verkasematuckeln!«

Und zu guter Letzt kommen wir zu unserer Überschrift:

»Bräsich inne Birne.« – Das Wort »bräsig« findet man auch im Plattdeutschen, es meint da so viel wie »träge« oder »langsam im Denken«. Und mit letzterer Bedeutung haben wir quasi schon eine Übersetzung, denn mit »Birne« ist hier natürlich der Kopf gemeint und dort hat das Denken ja nun mal seinen Stammsitz. Obwohl in letzter Zeit auch der Darm diesbezüglich in Verdacht geraten ist, sozusagen als Zweithirn. Mit »bräsich« muss aber nicht unbedingt »dumm« gemeint sein, sondern das Wort kann auch eine gewisse Unstrukturiertheit im Denken beschreiben, wie man sie zusammen mit einem Kater antrifft, also den Folgeerscheinungen eines Rausches.

»Der hat sich so ein geballert, dat der heute ganz bräsich is inne Birne.«

Ich bin gez vom vielen Ruhrdeutsch ganz bräsich, ich mach Schicht.

Herbert Knebel:
Die Gehhilfe

*Boh glaubse, neulich bin ich Opfer von ein Missver-
ständnis geworden. Ja, mit peinliche Konsiquenzen für
euern Herbert. Und zwar war ich aufm Markt unterwegs gewesen für zum Einkaufen. Ja, ich bin von mein
Tätigkeitsbereich mittlerweile breit aufgestellt. Auf
Druck von mein Frau, muss ich sagen. Aber aufn Markt
geh ich sogar ganz gerne, weil man da immer ein trifft
oder auch ma den andern, und schon is man wieder aum
Stand, wat et Neues gibt inne Welt und speziell bei uns
inne Siedlung. Und ich kenn auch die ganzen Händler
da mittlerweile mit Namen, so auch den Eiermann, den
Oskar Weiß. Spitzname »Ei-Weiß«! Dat passt ja wie
die Faust aufet Auge.*

*Und wie ich so an den Ei-Weiß sein Stand vorbei-
komm, schnapp ich so mit ein Ohr auf, wie er zu eine
Kundin sacht, die Hetti Katzwinkel hätt gez ganz
schwer wat anne Füße. Sacht man ja bei uns für wenn
einer ordentlich wat aufm Konto hat. Ich denk: Dat
gibbet doch nich! Ja, weil die Hetti war immer son
Pechvogel gewesen, der nie aufn grünen Zweig gekommen is. Und wat hat die alles versucht beruflich!
Nachhilfe, Aushilfe, Gehhilfe und zuletzt Strandkorb-
vermietung. Aber ich bitt Sie, im Ruhrgebiet?!*

*Jedenfalls war se wohl gez überraschend zu
Reichtum gekommen. Und ich hab auf 'ne Erb-
schaft getippt, weil ich wusste, sie hat ein irgnswie*

Wat anne Füße haben

wohlhabenden Onkel in Amiland, der gez wohl verstorben war. Und da hab ich mich richtig gefreut. Also für die Hetti. Und wie ich mich umdreh, seh ich se von Weitem auch schon angedackelt kommen. Und weil sie beim Dackeln gar nich vorwärtskam, bin ich hin, um sie zu gratulieren.

Ich sach: Hetti, ich hab schon gehört!

Und sie kuckt son bissken bedröppelt und meint, dat hätt ihr noch gefehlt.

Ich denk: Nanu, wird sie von ihrn Geldsegen gez überfordert? Dat hört man ja schon ma.

Und ich sach, um sie son bissken aufzumöbeln: Hetti, dat hat dir doch wirklich gefehlt! Wenn einer bislang nix anne Füße hatte, dann doch wohl du! Endlich isset so weit. Herzlichen Glückwunsch!

Da kuckt die Hetti mich an, mit ein Blick so ohne jede Sümpathie, und humpelt, ohne noch wat zu sagen, weg. Und wie ich sie so humpeln seh, fiel et mir wie Schuppen ause Augen. Da hatte der Oskar Ei-Weiß wohl wirklich gemeint, dat die Hetti Fußprobleme hat. Und zwar augenscheinlich mehr als eingewachsene Zehnägel! Dat war mir vielleicht peinlich!

Na ja, ich hab mich dann entschuldigt und sie unter de Arme gegriffen. Da ging et direkt besser mim Laufen. Ja, da war ich auf einma Gehhilfe. Wir treffen uns gez alle zwei Tage zum Laufen-gehen-Üben. Und dat, wo ich normalerweise ja ganz viel Zeit liegend verbring. Hoffentlich krich ich nich wat anne Füße!

AUSSPRACHE UND SCHREIBUNG

Mach donoma!

Aussprache

Zu Beginn dieses schönen Kapitels möchte ich noch einmal auf eine Schwierigkeit aufmerksam machen, die sich bei der Beschreibung des Ruhrdeutschen ergibt und die auch bereits in anderen Kapiteln anklang. Vieles von dem, was hier als sprachliche Besonderheit aufgezeigt wird, war in früheren Zeiten weiter verbreitet als heute. Manch ein Wort, manch eine Redewendung oder grammatikalische Eigenart wird von den älteren Menschen im Ruhrgebiet noch verwendet oder ist ihnen zumindest noch bekannt, auf viele jüngere trifft beides nicht mehr zu. Das gilt in ähnlicher Form auch für die Aussprache des Ruhrdeutschen. Was man vor hundert, ja noch vor fünfzig Jahren in ein damals gültiges Regelwerk packen und an jeder Ecke hören konnte, ist heute entweder gar nicht oder kaum mehr anzutreffen, nur noch in bestimmten Fällen oder abgeschwächt. Breites Ruhrdeutsch hört man häufiger auf der Bühne oder im Film als im wirklichen Leben. Trotzdem möchte ich die wichtigsten Ausspracheregeln aufzeigen. Wenn Sie aber nicht aus dem Ruhrgebiet kommen und von Einheimischen nicht schief angeguckt werden wollen, dann hüten Sie sich vor allzu viel, nennen wir es mal »Kumpel Anton«-Aussprache! Vielleicht weil das Ruhrdeutsche über lange Zeit ein niedriges Prestige hatte, sind nicht wenige Ruhris da »fies für«, wie es so schön heißt.

Beginnen wir mit unserer Überschrift und damit mit einer der leichtesten Ausspracheübungen. Ein »donoma« ist nämlich kein Ruhrdeutsch-Fremdwort, sondern ein

Schmelzwort aus den Bestandteilen »doch«, »noch« und »mal«, bei denen jeweils die Endkonsonanten weggelassen wurden. Diese Eigenart – Menschen, die auf gestochenes Artikulieren des Standarddeutschen Wert legen, würden es auch als Unart bezeichnen – findet sich noch bei einigen anderen Wörtern. Oft muss das »t« oder »d« dran glauben. Aus »ist« wird »is«, aus »nicht« »nich« und aus »und« wird »un«, zumindest wenn es schnell gehen muss beim Sprechen. Aus »Wicht« wird aber nicht »Wich«. Das Weglassen von Konsonanten kommt also nur bei bestimmten Wörtern vor. Nicht immer gibt es dafür ein Reglement. Manches hat sich einfach so »eingespielt«.

Bleiben wir noch bei den Konsonanten. Ebenfalls simpel ist die Umsetzung der Regel, die besagt, dass aus einem »pf« zu Beginn eines Wortes im Ruhrdeutschen ein »f« wird. Hier ein Beispiel für alle, die Hunde lieben:

»Fiffig, wie der Fiffi da ause Fütze trinkt!«

Wobei sich der »Fiffi«, also der »Hund«, normalerweise natürlich nicht mit »pf« schreibt.

Nun schauen wir uns an, was das Ruhrdeutsche mit dem Buchstaben »g« veranstaltet. Da wird es etwas komplizierter. Generell gilt: Wenn ein »g« am Ende einer Silbe steht, wird es durch »ch« ersetzt. Beim Erklingen des »ch« gibt es allerdings einen feinen Unterschied. Nach den sogenannten »hellen« Vokalen »e«, »i«, »ä«, »ü« sowie nach »r« und »l« wird das »ch« wie in dem Wort »ich« gesprochen, also mit einem breiten Mund. Hier kommt ein ziemlich sinnfreier, aber durchaus passender Beispielreim:

»Ein Zwerch aufm Wech nach Berchhausen
krichte plötzlich Muffensausen.«

Nach den sogenannten »dunklen« Vokalen »a«, »o«, »u« wird das »ch« dagegen wie in dem Wort »ach« gesprochen. Müssense ma vorm Spiegel machen! Im Gegensatz zum »ich« bleibt einem da der Mund offen stehen. Wenn es eben geht, wird der Vokal vor dem »ch« kurz gesprochen:

»Glaubse, der Zuch kommt heute gar nich mehr!«

Allgegenwärtig ist natürlich auch das zur Begrüßung erklingende »Tach« statt »Tag«, mit ebenso kurzem Vokal wie in »Zuch«.

Und taucht das »g« nicht am Silbenende, sondern an anderer Stelle im Wort auf, wird daraus nach hellen Vokalen sowie nach »r« und »l« schon mal ein angedeutetes »j«, wie in »Bürjermeister«. Man hört es allerdings selten. Im schönen Ausruf »Ich glaub, mich kriegense!« erklingt jedenfalls heute meistens ein »g«. Für meine Ruhrpott-Ohren hört sich das »j« schon ein wenig rheinisch an. Dass das »g« nach dunklen Vokalen zu einer Art »r« wird, kommt dagegen noch häufig vor:

»Wat sarrich?! Is kompleziert!«

Zu Deutsch: »Was sag ich / habe ich gesagt?! Das ist kompliziert!«

»Zuch« und »Tach«, wie gerade erwähnt, sind Beispiele für eine andere Ausspracheeigenart. Die Ruhris zeigen nämlich häufig eine Schwäche für kurze Vokale und wandeln eigentlich lang gesprochene daher kurzerhand in kurze um. So wird aus »wieder« ein »widder«.

»Weiße noch, ›Kulturhauptstadt 2010‹? Konnsse ein Tach für Spass mim Farratt übber de A 40!«

Kommen wir zum Schluss noch zu einer etwas heiklen Ausspracheregel: Steht zwischen einem kurzen Vokal und einem Konsonanten ein »r«, wird daraus ein »a« gemacht.

Der eigentlich kurze Vokal erklingt dann zur Abwechslung mal lang.

Also: »Spooat is Mooat!« statt »Sport ist Mord!«.

Oder: »Hasse noch Wuuast für aufe Stulle?« statt »Bist du noch im Besitz von Wurst, mit der ich mein Butterbrot belegen könnte?«.

Kleiner Übersetzungsscherz!

Spooat is Mooat!

Heikel ist diese Regel, weil man damit, wenn man es auch nur etwas übertreibt, im tiefsten Klischeeruhrdeutsch landet.

Mein Tipp also: Statt überbetonen lieber ein wenig nuscheln! In jedem Fall muss die Sprache fließen. Vieles kommt beim Ruhrdeutschen in einem Rutsch. Probieansema! Is ganich so schwea.

Samma »hömma«!

Schmelzwörter I

Es musste ja alles immer schnell gehen. War ja eine Malochergegend. Egal ob unter Tage auf Zollverein, an der Gießpfanne bei Thyssen-Krupp oder am Montageband bei Opel, der Krach ließ Gespräche in Zimmerlautstärke nicht zu. Und wo handfest gearbeitet wird, da ist sowieso keine Zeit für lange Reden. Unter Umständen noch nicht einmal für einzelne Laute, wenn die Botschaft auch ohne diese verstanden wird. Es gibt ja so viel Überflüssiges in der Sprache.

So lautet zumindest eine gängige Erklärung, warum im Ruhrdeutschen recht viele zusammengezogene Wörter, also sogenannte Schmelzwörter, zu finden sind und nicht wenige Laute einfach weggelassen werden. Gewichtige Argumente sprechen allerdings gegen diese These. So kommen Experimente zu dem Ergebnis, dass bei Lärm gerade überdeutlich artikuliert wird, denn es ist ja wichtig, verstanden zu werden. Außerdem lässt sich das Phänomen der Zusammenziehung von Lauten in anderen Industrieregionen nicht in derselben Weise beobachten, obwohl die Bedingungen ja vergleichbar sind.

Hektisch und laut war es aber natürlich an vielen Orten in einer gewaltigen Industrieregion. Es wurde gerufen, gar gebrüllt, und wichtig war, dass das Wesentliche verstanden wurde:

»Gib ma …!«

Was auch immer, die Schippe – im Ruhrpott eher »Schüppe« –, den Bohrhammer, den Zehnerschlüssel … Ein ausformulierter Satz hätte wohl eher Stirnrunzeln hervorgerufen:

»Hör mal, Horst, könntest du mir bitte mal die Schippe anreichen?«

Nee, geht gar nich!

Dann schon eher »Gimma!« statt »Gib ma!«: »Gimma Schüppe!«

Wer braucht schon das Geschlechtswort »der/die/das«? Und Lärmthese hin oder her, mit »Gimma!« haben wir schon das erste Beispiel für ein prima Schmelzwort.

Gerade bei Aufforderungen erkennt man die klare Tendenz, zwei Wörter zu einem zu verkürzen. »Komma!« meint hier also nicht das Satzzeichen, sondern ist die Kurzform für »Komm mal!«: »Komma kucken, hier is wat los!«

Ähnlich wie »Komma!« funktioniert auch

»Nimma!« (»Nimm mal!«): »Nimma die Quanten vom Tisch, du Tünnes!«

Natürlich sind hier nicht Elementarteilchen gemeint, sondern gewöhnliche Füße, die auf dem Tisch nach Ansicht des oder der Ermahnenden nichts zu suchen haben.

Nimma die Quanten vom Tisch!

Und »Samma!« (»Sag mal!«): »Samma, ticks du noch ganz sauber?!«

Die Frage geht nicht an den Wecker. Aber es geht dem oder der Fragenden wohl jemand auf den Wecker.

Hier haben wir es obendrein mit der wundersamen Wandlung des »g« zum »m« zu tun. Noch wundersamer ist die Wandlung übrigens beim ähnlich wie »Komma!« klingenden »Kumma!« (»Guck mal!«), wo das »g« zum »k« und das »ck« zum »m« wird.

Was die Schrift nicht wiederzugeben vermag, ist das, was beim »Kumma!« an Bedeutung noch mitschwingen kann:

»Kumma?!« (»Wat is dat denn da?!«) – Verwunderung

»Kumma!« (»Wat ich fabriziert hab!«) – Stolz

»Kumma!!!« (»Da vorne!!!«) – Überraschung, vielleicht auch Gefahr

Dann gibt es natürlich noch das weithin bekannte »Hömma!« (»Hör mal!«). Es ist quasi universell einsetzbar und kann eigentlich jeden beliebigen Satz einleiten:

»Hömma, wat ich dich immer schomma fragen wollte …«

»Hömma, dat gibbet doch nich!« (»Das gibt es doch nicht!«)

»Hömma, nee, nä?!« (»Ich glaub's nicht!«/»Das kann doch nicht wahr sein!«)

»Hömma, ich faul ab!« (Siehe vorige Zeile!)

»Hömma, samma, wie is?« (»Wie geht es dir?«)

Hömma, da ham wir wieder Zeit gespart, nä? Sogar beim Lesen!

Bisse Omma, hasse Enkel

Schmelzwörter II

Heutzutage wird man auch im reifen Alter in vielen Situationen geduzt, wo dies noch vor nicht allzu langer Zeit recht unhöflich gewesen wäre. In vielen Geschäften, die auf stylisch machen, und auch in der Gastronomie ist dies gang und gäbe. In vielen Bereichen des Arbeitsalltags war das Duzen aber schon immer eher die Regel als die Ausnahme. Das gilt natürlich auch und vielleicht sogar besonders für das Ruhrgebiet. Und natürlich hatte und hat man es auch hier manchmal eilig und spart sich bei der Anrede das Ausartikulieren, macht also aus der Endung »-st« und dem »du« einfach ein »se«:

»Musse« (»Musst du«) – »Musse ma anpacken, dann merkse, dat da Strom drauf is!«

Oft handelt es sich dabei um eine Frage:

»Hasse?« (»Hast du?«) – »Hasse noch Zeit fürn Absacker?« (ein letztes Getränk vor dem Gehen)

»Bisse?« (»Bist du?«) – »Bisse bekloppt?!«

»Bleibse?« (»Bleibst du?«) – »Bleibse oder gehse?«

»Schickse?« (»Schickst du?«) – »Schickse mir die Schickse ma an Tisch? Ich will bezahlen.«

Das Wort »Schickse« wurde im Ruhrgebiet früher nicht selten verwendet und bezeichnete eine kesse junge Frau oder ein Mädchen, oft in Verbindung mit dem dazugehörigen Mann:

»Hömma, dem Pidder seine neue Schickse soll ja en ziemlichen Feger sein!«

Es finden sich auch andere Bedeutungen, wie »leichtlebige Frau« oder »freche Göre«. In jedem Fall ist der Ausdruck heutzutage deutlich abwertend und von daher zu unterlassen.

Das »se« kann aber auch »sie« bedeuten, wie in:

»Hamse« (»Haben sie«) – »Da hamse mich voll vernatzt!« (reingelegt)

Wollen wir noch eins draufsetzen und aus drei eins machen? Bitte schön!

»Hassese?« (»Hast du sie?«) – »Hassese noch alle?!« (»Bist du noch bei Verstand?!«)

»Hassema?« (»Hast du mal?«)

Wohl am häufigsten angewendet in der Frage »Hassema 'ne Mark?«. Heute ist die Mark natürlich ein Euro. Klingt aber irgendwie nicht so gut. Man könnte das Wortgebilde auch getrennt schreiben. Aber klingen tut es wie ein Wort, nä?!

Auch sehr schön ist:

»Nonimma« (»noch nicht einmal«) – »Hömma, nonimma mein Frau hat mich zu mein Hochzeitstach gratuliert!«

Na, kein Wunder!

Auch wenn in der »Malochergegend« heutzutage der Dienstleistungssektor dominiert, eilig haben es die Menschen immer noch, vielleicht sogar mehr denn je. Auch beim Sprechen. Von daher sind die Schmelzwörter noch nicht verschwunden. Hömma, da kannsse ein drauf lassen!

Dat is wat Typischet, oder?

»Dat« und »wat«

In der Außenwahrnehmung wird das Ruhrdeutsche oft auf den Gebrauch der Wörter »dat« und »wat« statt »das« und »was« reduziert. Zumindest sind es diese Beispiele, die Menschen in Zusammenhang mit der Ruhrgebietssprache als Erstes in den Sinn kommen. Dann müssen wir es hier doch mit einer spezifischen Eigenart zu tun haben.

Denkste! Dass dem Ruhri immer mal wieder ein »dat«, salopp gesagt durchflutscht, selbst wenn er oder sie sich bemüht, Hochdeutsch zu sprechen, liegt ganz einfach an einer »Isoglosse«. Wat fürn Ding?

Nun, Isoglossen sind Linien auf sogenannten Dialektkarten, die angeben, wo in einem Sprachgebiet Varianten (etwa in der Aussprache) auftreten. Solch eine Linie verläuft zum Beispiel vom Saarland bis nach Frankfurt an der Oder quer durch ganz Deutschland und trennt damit den »dat«-Norden vom »das«-Süden. Die Menschen unterhalb dieser Linie entschlossen sich aus irgendeinem Grunde, das »t« nach Vokalen zum »s« umzuwandeln und öffneten damit etwa zu Beginn des 6. Jahrhunderts n. Chr. der »zweiten Lautverschiebung« Tür und Tor. Die Menschen oberhalb der Linie im plattdeutschen Norden fragten:

»Schon wieder 'ne Lautverschiebung?! Wat soll dat denn?!«

Sie wehrten sich wacker. Und da ihr Dialekt das heutige Ruhrdeutsch beeinflusst hat, ist dort auch heute noch manchmal »et« statt »es« oder »vielet« statt »vieles« zu hören. Fast das gesamte heutige Nordrhein-Westfalen liegt oberhalb der Linie und tatsächlich erfreuen sich auch die Menschen im Rheinland ebenso wie im Bergischen Land noch gelegentlich am »dat« und »wat«.

Im Plattdeutschen dagegen ist das »t« ganz regelmäßig ein solches geblieben. So sagt man beispielsweise auch »Water« und nicht »Wasser«, was im Ruhrgebiet nicht vorkommt, allerdings noch in den Niederlanden und in England. Und auch das englische »that« ist ja nahe am »dat«. Dafür ist der Ruhri beim plattdeutschen »Kopp« geblieben, und er »ruppt wat ab«, statt »etwas

abzurupfen«. Und auch die Verkleinerungsform mit »–ken«
statt »–chen« is son bisken en plattdeutscher Überrest.
Der Ruhri übernimmt eben nicht alles. Er ist in Sachen
»Sprache« einfach wählerisch. Hättense nich gedacht, nä?

Richtich falsch schreim is schwer

Schreiben

In diesem Kapitel wollen wir uns ein wenig damit beschäftigen, welche Probleme sich ergeben können, wenn man versucht, Ruhrdeutsch aufzuschreiben. Hierbei sollten ja die Besonderheiten in der Aussprache möglichst deutlich werden. Leider kann man generell feststellen, dass die Schreibweise die Aussprache nur bedingt wiederzugeben vermag. Dies trifft auch auf das Standarddeutsche zu. Das ist nicht weiter tragisch, denn der Mensch erlernt das Sprechen über das Hören und natürlich vor dem Schreiben. Er weiß also, wie ein Wort ausgesprochen wird, oft allerdings regional gefärbt.

Eine Herausforderung wird es erst, wenn man versucht, nicht Einheimischen schriftlich zu vermitteln, was beim Sprechen einer Sprache erklingt. Extra entwickelt wurde hierfür die deutlich differenziertere Lautschrift, wie man sie beispielsweise in Wörterbüchern oder Sprachlehrwerken findet. Aber die hier verwendeten Zeichen werden nicht allen Menschen geläufig sein.

Auch in puncto »Ruhrdeutsch« wurde und wird versucht, mit einer Art Lautschrift die Besonderheiten des Idioms zu vermitteln. Wer einmal einen alten »Kumpel Anton«-Text gelesen hat, weiß, was ich meine. Die erste, am 4.12.1954 in der WAZ abgedruckte Kolumne begann so:

»Mitte Strahssnbahn fahrchchanz gährne.«

Die Entschlüsselung solcher Sätze glich oft einem Rätselraten. Schwächt man diese Art der Lautschrift ab, ergeben sich jedoch andere Probleme. Sagt der Lehrer zur Schülerin:

»Vanessa, tuse dat ma anne Tafel schreim?«

Natürlich sagt er das nur, um ein Beispiel für schlechtes Deutsch zu geben, siehe den Abschnitt zu »tun« als Hilfsverb!

Beim »tuse« zeigt sich jedoch recht deutlich die Problematik einer Schreibweise, die auf moderate Art die Aussprache verdeutlichen soll: Das »s« ist ja nicht stimmhaft, bei dieser Schreibweise würde man es aber automatisch stimmhaft aussprechen (»tuse« wie »Muse«). Also mit Doppel-s, damit das »s« stimmlos ausgesprochen wird? »Tusse« würde aber womöglich auch zu Missverständnissen führen, ist es doch, ähnlich wie »Tussi« und beider Ursprung »Tussnelda«, eine abwertende Bezeichnung für eine Frau. Und das »u« muss ja auch lang gesprochen werden, was nur ein zusätzliches »h« verdeutlichen würde: »Tuhsse«. Das versteht aber niemand mehr, wenn er oder sie es liest. Ein »scharfes S« wäre auch noch denkbar. Aber auch »Tuße« sieht irgendwie nicht passend aus, denn dass es von »tust« kommt, erschließt sich hier ebenfalls nicht mehr so richtig. Schwierig!

Bei »Kannsse?« (»Kannst du?«) passt das doppelte »s« schon eher. Allerdings käme als Schreibweise auch ein »z« infrage. Beim Schmelzwort »musset« (»muss es«) stellt sich wiederum die Frage, wie man deutlich machen kann, dass das Doppel-s stimmhaft gesprochen wird, was im Deutschen im Allgemeinen ja nicht der Fall ist. »Muset« wäre aber auch nicht zielführend, denn dies würde ein lang gesprochenes »u« nahelegen. Auch schwierig!

Die Sprachwissenschaft hat für die Verschriftung längerer gesprochener Texte eigene Schreibweisen gefunden, die mehr oder weniger Besonderheiten berücksichtigen können. Aber außerhalb dieses Fachgebiets dürften nur wenige an der Lektüre solcher Texte ihre Freude haben. Am besten, man is Ruhri und weiß, wie allet gesprochen wird!

Ich mach dich lang!

Ortsnamen

Auswärtige haben immer mal wieder Probleme mit der Aussprache bestimmter Ortsnamen im Ruhrgebiet, und zwar nicht nur, weil für manch eine Zunge das Hervorbringen von »Neukirchen-Vluyn« oder »Oer-Erkenschwick« schon ein kleiner Brecher sein dürfte, sondern weil vielen nicht klar ist, wie man zum Beispiel dieses »Oer« nun auszusprechen hat. Daraus den Umlaut »ö« zu machen liegt zwar nahe, ist auch häufig zu hören, aber leider verkehrt. Und nun werden Sie auch gleich unsere Überschrift verstehen! Bei dem »e« handelt es sich nämlich um ein sogenanntes Dehnungs-e, welches angibt, dass das »o« lang gesprochen werden soll, also »Ohr-Erkenschwick«. Ein »h« hätte in der Tat die gleiche Funktion. Diese Dehnung findet sich auch noch bei der Aussprache

von Gelsenkirchen-Buer (mit langem »u«) und eigentlich auch bei Bochum-Laer (mit langem »a«). Aus irgendeinem Grunde erklingt aber hier meist ein »è«. Ich sach ma, konsequent is anders!

Jedenfalls ist dies nun keine Eigenart nur des Ruhrgebiets, sondern stammt mal wieder aus dem Plattdeutschen und gilt daher auch für Ortsnamen wie »Soest« oder »Coesfeld«.

Das »i« war wohl ein wenig neidisch auf das Dehnungs-e und hat sich daher auch in einige Ortsnamen eingeschlichen, um einen Vokal so richtig lang zu machen. Wir finden es zum Beispiel im am Niederrhein verbreiteten Orten, die auf »-broich« enden, was so viel wie »Sumpfland« bedeutet, wie zum Beispiel »Grevenbroich« oder »Korschenbroich«. Auch beim »-broich« hört man allerdings oft nicht mehr »-brooch«, sondern »-breuch«. Und wie verhält es sich bei der Ruhrgebietsstadt Duisburg, die ja mit »ü« gesprochen wird? War das »ü« mal ein langes »u«? Da gehen die Meinungen auseinander. Vermutlich hieß es aber immer »Dühsburg«. Das »i« ist jedenfalls erst später dazugekommen und zeigt auch hier die Länge an.

Ach ja, die Ruhris sprechen das »g« am Ende von »Duisburg« gerne als »ch« aus. Wenn Sie, verehrte Leserinnen und Leser, also im Ruhrgebiet mal nach dem Weg nach – was weiß ich – Dingenskirchen fragen und Sie hören folgenden Satz:

»Durch Dühsburch durch und dann schaaf links!«

– dann wissense Bescheid!

Häbbätt

Vornamen

Was bitte schön soll das denn sein, ein »Häbbätt«? Wie bitte, ein Vorname?! Aber natürlich! Es handelt sich hier um den guten, alten Herbert. Wer spricht im Ruhrdeutschen schon ein »r«?

Regionaltypische Anpassungen von Vornamen, manchmal auch Verunstaltungen, gibt es natürlich überall im deutschsprachigen Raum und vermutlich auch in vielen anderen Sprachen. Da bildet das Ruhrgebiet keine Ausnahme. Mag sein, dass die Umstände der Entstehung sich unterscheiden. Da im Ruhrdeutschen häufig Laute verschluckt werden und die Wörter dadurch kürzer erklingen, ist es keine Überraschung, dass sich diese Eigenart auch bei der Aussprache von Vornamen findet.

Da wird dann aus dem »Friedhelm« der »Friddelm« und aus dem »Detleff« der »Delleff«. Probieren Sie es einmal aus! Es braucht ungefähr doppelt so lang, die korrekte Namensform auszusprechen. Das gilt natürlich erst recht für das Rufen, zum Beispiel auf dem Fußballplatz, mitten im Angriff, wenn ein Spieler signalisieren will, dass er frei steht:

»Delleff, spiel lang!«

Deutlich kürzer als die »Elisabeth« ist dann auch die »Elli«, kürzer als »Johanna« die »Änne«. Beide Kurzformen hört man immer seltener. Wobei »Johanna« immer noch ein häufiger Mädchenname ist, »Änne« aber keine Rolle mehr spielt. Andere derzeit beliebte Vornamen sind schon sehr kurz, wie Mila, Leni, Adam oder Emil. Wat wille damit noch machen?!

Hier noch einige typische Kurzformen, die ebenfalls so langsam selten werden: Günni (Günther), Jupp (Josef), Käthe (Katharina) oder Nobbi (Norbert). Die Liste ließe sich fortsetzen. Es gibt übrigens auch »Kurzformen«, die länger sind, zum Beispiel »Ralle« für Ralf.

»Komm hier, Ralle, krisse bar aufe Kralle!« – Komm mal her, Ralf, du kriegst das Geld bar auf die Hand!

Der Rest des Satzes ist dann aber wieder verkürzt. So gleicht sich das wunderbar aus.

Oft findet sich im Ruhrdeutschen noch die Kombination von Vorname plus bestimmter Artikel, also zum Beispiel:

»Der Pidder hat dat verbockt!« – Peter hat das verpfuscht / den Fehler begangen.

Typisch Ruhrpott, könnte man bei der »Kombi« denken, jedoch ist dieser Gebrauch in der Umgangssprache in halb Deutschland üblich, nämlich von der Mitte an abwärts, und sogar noch in Österreich und der Schweiz.

Kurioserweise können bei Frauennamen gleich zwei verschiedene Artikel Verwendung finden, »die« oder »dat«, wobei die Verwendung des Neutrums hier in keiner Weise abwertend gemeint ist, sondern vertraut:

»Dat Bärbel hat sich widder in Schale geschmissen, da wirse blind von ihren Glanz!«

Dann kuck ich lieber gar nich hin, obwohl – dann verpassichwat.

GRAMMATIK

Herbert Knebel:
Guste und der Genitief

Boh glaubse, die Tage hatt ich ein Disputt mit mein Frau. Die muss immer recht behalten. Dat is furchtbar!

Und zwar war dat beim Frühstück. Da ging et aber nich drum, obwohl mein Ei ma wieder zu weich und regelrecht glibberich war. Aber dat nehm ich mittlerweile als gegeben hin. Nee, et ging um den Edgar Mühlmann. Der lebt ja seit einige Zeit mit 'nem anderen Mann zusammen, und zwar mit 'nem Dobermann. Ja nu, warum nich? Jedem Tierchen sein Pläsierchen, sach ich immer. Und die Guste is da aber fies für, also ... für den Köter, wohl weil der mehr son Kalb is vonne Größe her.

Und sie sachte dann so wörtlich: Herbert, selbs wenn ich den Edgar seine Töle weit weg aufe andere Straßenseite seh, dann krich ich direkt Muffensausen.

Ich denk: Herbert, wat spricht deine Frau bloß fürn schlechtet Deutsch! Ja, da bin ich empfindlich.

Ich sach: Guste, dat heißt nich »den Edgar seine Töle«. Dat is falsch. Dat heißt »dem Edgar seine Töle«.

Ja, dat konnte sie wie üblich nich so stehen lassen. Sie hätte aber ma gehört, »dem seine« wär falsch.

Ich sach: Schätzeken, et kann aber immer nur einer recht haben und dat bin in diesem Fall ich! Ich sach: Wer is denn Fachmann? Wer verdient sein Geld denn mit Sprache?

Und da muss ich wohl in eine offene Wunde bei sie gestochen haben. Ja, sie verdient ja selbs nix. Und sie

*ging dann direkt inne Luft und meinte, dat könnte sie
sowieso nich verstehen, wat die Leute an mein lang-
atmiges Geschwafel finden täten.*

    *Und da wurd ich auch fuchsig. Ich sach: Guste,
dann is dat wohl so, dat du dat »Geschwafel« nich
verstehs. Ich sach: Selbs dem Edgar seine Omma – und*

*die is hundertzwei –, die lacht sich scheckig über meine
»Wurstthekenschlange«. Die kennt die auswendig. Die
kann die rückwärts pfeifen.*

    *Dadurch würd die Geschichte auch nich besser,
sacht mein Frau und geht raus. Wat soll ich sagen, nach*

zwei Minuten kommt se wieder rein und sacht, sie hätt nachgekuckt und wüsste gez Bescheid. Der Edgar wär im Genitief.

Ich sach: »Genitief«, hoffentlich is dat nich zu hoch für dich!

Aber den Witz hat sie wohl auch nich verstanden.

Im Genitief, sachte sie, würd man ein »s« an den Namen hängen, also »Edgars seine Töle«. Oder statt dem »s« ging auch »dessen«. »Edgar dessen seine Töle.« Und demnach wär »dem seine« eindeutig falsch!

Und schon war se wieder weg.

»Dessen seine« ... Dat soll richtig sein?

Glaubse, der ihre Rechthaberei! Oder heißt dat »die ihre«? Wahrscheinlich. Die Guste is ja weiblich. Aber da sisse ma, mit einfache Logik kommsse auch ant Ziel! Da kannsse dir dat Nachkucken sparen.

Dem Willi seine

Genitiv

Nee, nee, ich hab nix falsch verstanden. Es geht hier um den Gebrauch des Genitivs, zu Deutsch »Wesfall«, im Ruhrdeutschen.

»Wat fürn Fall?!«, werden aber auch heutzutage immer noch einige Ruhris fragen, denn der Wesfall galt im Revier lange Zeit als ausgestorben, wenn er denn überhaupt eine Geburtsurkunde vorzuweisen hat, denn es gab

Dem Willi sein Kanten

ihn auch im Plattdeutschen nicht. Stattdessen gab und gibt es Ersatzkonstruktionen. Statt zu sagen: »Willis Friseurin hat dessen Kurzhaarschnitt ruiniert«, heißt es im Ruhrdeutschen: »Dem Willi seine Friseuse hat den sein Kanten versemmelt.«

Anhängern des Genitivgebrauchs wird hier einiges zugemutet, aber man muss anerkennend zugestehen, dass auch Auswärtige kein Verständnisproblem haben dürften, es sei denn, sie wissen nicht, was mit »Kanten« gemeint ist. Außerdem muss man zugestehen, dass selbst die verkürzte Überschrift »Dem Willi seine« deutlich macht, worum es hier geht. Stünde dort stattdessen »Willis«, wäre der Spekulation Tür und Tor geöffnet. Sie merken schon, dass ich den heiklen Wesfall hier recht humoristisch angehe. Das gibt das Kapitel einfach her. Angemerkt sei hier noch, dass die Bezeichnung »Friseuse« heutzutage natürlich politisch ganz und gar nicht mehr korrekt ist und vermieden werden sollte! Ich verwende sie hier ausnahmsweise, weil es dadurch einfach viel ruhrdeutscher klingt.

Aber zurück zu unserem Beispielsatz. Bei aufmerksamer Lektüre wird Ihnen aufgefallen sein, dass der Genitiv einmal durch den Dativ ersetzt wird:

Frage: »Wem seine Friseuse?«

Antwort: »Dem Willi seine.«

Und einmal durch den Akkusativ:

Frage: »Wen sein Kanten?«

Antwort: »Den sein Kanten.«

Es handelt sich dabei nicht um einen Flüchtigkeitsfehler meinerseits. Zumindest in früheren Zeiten konnten sich Ruhrgebietlerinnen und Ruhrgebietler oft kaum entscheiden zwischen Dativ und Akkusativ, auf Deutsch Wem- und

Wenfall. Überdies haben sie noch eine Alternative im Sprachköcher. Sie benutzen auch gerne die Konstruktion »von + Dativ«:

»Die Friseuse vom Willi hat den sein Kanten versemmelt.«

Geht auch!

Zum Schluss noch eine Frage: Haben Sie auf einem Grabstein mal folgende Aufschrift gelesen?

»Hier ruht Ehepaar Hermann Meier.«

Die Subsumierung der Ehefrau im Vornamen des Mannes ist Gott sei Dank auch so gut wie ausgestorben. Im Ruhrdeutschen gab es leider etwas Ähnliches:

»Dat is dem Ernst Teckel seine Frau ihr Ausweis.«

Oder noch schlimmer:

»Dat is dem Ernst Teckel seine Frau ihr sein Ausweis.«

Schlimmer geht eben immer!

Hömma, ohne mir, aber mit mich!

Dativ und Akkusativ

Im Kapitel über den Genitiv habe ich ja bereits über den im Ruhrdeutschen beliebten und gewissermaßen gleichberechtigten Gebrauch von Dativ und Akkusativ berichtet, der ohne jegliche Rücksicht auf das Reglement der Grammatik geschah. Diese Eigenart trug maßgeblich dazu

Butter bei die Fische

bei, einem derart »falsch« sprechenden Menschen das pauschale Prädikat »ungebildet« zu verleihen.

»Gib mich die Kirsche!«, soll der Fußballspieler Lothar Emmerich auf dem Platz gerufen und damit gleichzeitig deutlich gemacht haben, dass man Tore auch ohne korrektes Deutsch schießen kann, denn mit der »Kirsche« war natürlich der Ball gemeint.

Nun ist es kein Geheimnis, dass die Förderung der Bildung der Arbeiterschaft im Ruhrgebiet – auch viele Fußballer waren ja ursprünglich einfache Arbeiter – lange Zeit nicht ganz oben auf der Prioritätenliste von Regierung und Wirtschaft stand. Es gibt aber auch eine andere Erklärung: Im Plattdeutschen, das ja ursprünglich in der Region gesprochen wurde, gibt es im Akkusativ (»mich«) und Dativ (»mir«) gar keine getrennten Formen, sondern stattdessen einen sogenannten Einheitskasus, in dem statt »mich« und »mir« lediglich ein »mi« auftaucht. Und dieser Einheitsfall zog sich sozusagen durch:

»Geev (gib) dat den Jung!« war also völlig korrekt.

Auch an der Redewendung »Butter bei die Fische« lässt sich das gut aufzeigen. Im Plattdeutschen heißt es nämlich »de« anstelle von »die«, und »de« ist der korrekte Pluralartikel für Akkusativ und Dativ gleichermaßen. Bei der Übertragung ins Hochdeutsche wurde daraus dann »die«, was dort natürlich eigentlich falsch ist, sich aber im Sprachgebrauch gehalten hat.

Auf gleiche Weise kommt es zur Verwechslung zwischen Akkusativ und Dativ auch speziell im Ruhrdeutschen. Was der junge Plattdeutsche nicht gelernt hat, lernt der alte Ruhrgebietler auch nicht mehr. Zumindest hat es einige Zeit gedauert. Irgendwann hatte auch der hartnäckigste

Ruhri die Nase voll vom Naserümpfen im Rest der Republik und versuchte, sich mit den Regeln für die beiden »schwierigen Fälle« anzufreunden. Trotzdem hört man auch heute noch hin und wieder einen falschen Akkusativ:

»Gib dat den Oppa!«

Mehr als nur »hin und wieder« hört man solche und ähnliche Sätze allerdings auf der Bühne, wenn dort ein Ruhrgebietscomedian steht. Das Kind hat sogar einen Namen, nämlich »Akkudativ«. Er findet sich übrigens auch im Berlinerischen.

Nun gibt es, das muss man um der Gerechtigkeit willen dazusagen, aber auch Fälle, wo es wirklich schwerfällt, zu entscheiden, welcher Fall nun der richtige wäre, zum Beispiel beim schönen Satz »Komma bei mich bei!«. Zur Erklärung sei gesagt, dass es sich hier um die Aufforderung handelt, sich einander körperlich zu nähern, allerdings vermutlich nicht in erotischer, sondern eher tröstender Absicht. Wie dem auch sei, das »mich« im Satz klingt falsch. »Komma bei mir bei!« klingt aber auch nicht richtiger. Und »mich« ist auch in der Tat korrekt, da es sich hier um eine feste Redewendung handelt, die so und nicht anders klingen muss.

Hömma, is aber auch schwierich mitte Sprache. Hau mich ab!

En besonderen Fall

Akkusativ statt Nominativ

Hier haben wir es wirklich mit einem besonderen Fall von Kasusvertauschung zu tun, der nicht mehr häufig zu hören ist, aber vielleicht gerade deshalb in trauten Ruhrpottrunden gehegt und gepflegt wird. Statt des Nominativs kommt nämlich in bestimmten Wendungen der Akkusativ zum Zuge. So tritt das Phänomen auf, wenn nach den Verben »sein«, »werden« oder »bleiben« ein Nomen steht:

»Der Whiskey is en ganz wilden Wauwau!«

Manchmal werden an dieser Stelle auch Adjektive substantivisch gebraucht (»son Vornehmen«):

»Kumma da, der Hennes von und zu Kaminski! Dat is son Vornehmen, weiße!«

Dabei kann durch Wörter wie »ganz« die besondere Eigenschaft noch verstärkt werden:

»Dat is son ganz Hundertprozentigen, son total Pingeligen!«

Oder:

»Der Kevin, dat is en richtich Netten!«

Manchmal schleicht sich der Akkusativ dann gleich noch an anderer Stelle ein. Wenn schon, denn schon:

»Den Kevin, dat is en richtich Netten!«

Und schließlich findet sich die Kasusvertauschung auch in der Anrede:

»Hömma, du Neunmalklugen! Denks wohl, du bis en ganz Cleveren!«

Wer bei den Beispielen aufgepasst hat, wird bemerkt haben, dass es, egal ob »Whiskey« oder »Kevin«, immer um männliche Vertreter der Art geht. In der weiblichen Form funktioniert die Vertauschung nämlich nicht, da sind die Formen sowieso gleich. Gott sei Dank, werden manche denken!

Kinders und Muttis

Pluralbildung auf »-s«

In der deutschen Sprache findet man ja die verschiedensten Möglichkeiten der Pluralbildung.

Manchmal wird ein »e« angehängt: der Weg – die Wege.

Manchmal ein »n«: die Lüge – die Lügen.

Manchmal ändert sich gar nichts: der Koffer – die Koffer.

Manchmal ändert sich viel: der Mann – die Männer.

Manchmal wird aus einem Vokal ein Umlaut: die Mutter – die Mütter.

Aber die Mehrzahl von »Kutter« ist dann nicht »Kütter«, sondern es bleibt bei »Kutter«. Und wenn aus der »Mutter« eine »Mutti« wird, taucht im Plural am Ende wie aus heiterem Himmel ein »s« auf, und man hat es auf einmal mit »Muttis« zu tun.

Wer soll da noch durchblicken?!

Für alle, die Deutsch als Fremdsprache lernen, dürfte die Pluralbildung einem Albtraum gleichkommen. Es haben aber auch Menschen, für die Deutsch die Muttersprache ist, Orientierungsschwierigkeiten im Labyrinth der Mehrzahlregeln. Am wenigsten abfinden konnten sich viele Ruhrgebietlerinnen und Ruhrgebietler wohl damit, wenn sich gar nichts ändern sollte im Plural. Das ist ja auch wirklich nicht einzusehen. Dafür gab es wohl eine Affinität zur Pluralbildung durch ein angehängtes »s«. Da wurde aus »die Koffer« dann eben »die Koffers«. Nicht ganz unlogisch, aber für die Lehrers waren dat Fehlers.

Und weil man gerade so schön im Schwung war mit dem Plural-s, hat man es auch an Wörter gehängt, bei denen sich durchaus etwas in der Pluralform geändert hatte, die aber ebenfalls auf »-er« endeten, wie zum Beispiel: die Bücher – die Büchers.

»Ich hab mir gez alle Büchers von diesen Hegel zugeschlagen. Sonderangebot! Aber kanns vergessen! Verstehe se kein Wort!«

Mittlerweile hört man diese Eigenart des Ruhrdeutschen nur noch selten, außer vielleicht bei Leuten, die gerade diese und andere Eigenarten zu kultivieren versuchen. Eine Ausnahme bilden hier aber die »Kinders«, die besonders in der Anrede immer noch verwendet werden:

»Kinders, gez ma Butter bei die Fische!«

Die Anrede kann sich übrigens an alle Altersgruppen richten, selbst wenn weit und breit keine Kinder zu sehen sind. Immer für 'ne Überraschung gut, der Ruhri!

Meinswegen

Fugenelement »-s«

Nein, mit der Betrachtung des Fugenelements wechseln wir nicht vom sprachlichen in den handwerklichen Bereich! Es geht hier nicht um das Einfügen von Spachtelmasse oder dergleichen, sondern um die im Ruhrdeutschen oft eigenwillige Platzierung des Konsonanten »s« zwischen zwei Wortbestandteilen.

Zum »s« haben die Ruhris ja ohnehin ein besonderes Verhältnis, denn in Wörtern wie »das«, »was« und »es« wird es häufig durch ein »t« ersetzt. Wat et allet gibt, nä?! Vermutlich als Wiedergutmachung materialisiert das »s« dafür zwischen zwei Silben in diversen Wörtern. Hier einige Beispiele:

meinswegen – meinetwegen

irgnswie – irgendwie (das -rgn- wird dabei weitgehend verschluckt und durch etwas Undefinierbares ersetzt)

irgnswo – irgendwo (dito!)

eignslich – eigentlich

ornslich – ordentlich (hört man nur noch sehr selten)

Wie man sieht und hört, wird hier jeweils das »d«/»t« durch ein »s« ersetzt. Das »s« kann aber auch zwischen zwei Silben auftauchen, ohne dass das »t« tangiert wird:

»Hömma, die Bratskartoffeln kokeln schon an. Machma Herd aus!«

Den im Grunde identischen Gebrauch findet man auch beim Wörtchen »Mietswohnung«. In diesem Fall ergibt es ja auch irgnswie Sinn, denn in einem Mietshaus gibt es natürlich Mietswohnungen. Is doch logo!

Ad§ventskalender

Zum guten Schluss dieses kleinen Kapitels möchte ich noch auf eine jahreszeitliche Besonderheit hinweisen. Im Monat Dezember wird in vielen Haushalten im Ruhrgebiet ein »Adsventskalender« aufgestellt oder –gehängt. Warum sich mit einem »s« zufriedengeben, wenn das Wort auch zwei verträgt!

Klümpkes für dat Schätzken

Verkleinerungsform

Das Ruhrgebiet ist ein wirklich großes Ballungsgebiet, in dem sich Menschen ballen, die Wohnbebauung, der Verkehr, die Industrie, die Fußballvereine und früher auch die Kneipen. Vielleicht wollte der Ruhri dieser unüberschaubaren, geballten Größe etwas entgegensetzen durch eine Vorliebe für das Verkleinern von allen möglichen Dingen und selbst Personen. So wird aus der Liebsten oder dem Liebsten, sei die Liebe auch noch so groß, ein »Schätzken«, manchmal noch mit einem hineingemogelten »e«, also »Schätzeken«.

»Schätzken, gez komm doch ma fürn Käffken mit Plätzken int Häusken, draußen is doch össelich!«

Kleiner geht es nicht! Und da haben wir auch direkt das Erkennungsmerkmal von Verkleinerungsformen, sogenannten Diminutiven, im Revier. Aus dem üblichen »–chen«

wird hier ein »-ken«. Das hat der Ruhri einfach mal so aus dem Plattdeutschen übernommen, wahrscheinlich weil es ihm gefallen hat.

Im Plural findet man statt des »-ken« ein »-kes«, wie in »Klümpkes«. Dabei handelt es sich nicht um kleines Verklumptes, sondern um lose, unverpackte Bonbons. Die findet man immer noch schön sichtbar in Gläserreihen in der Auslage der Klümpkesbude, die zum Revier gehört wie die Fischbude zu Friesland.

Was aber, wenn das Wort, das man verkleinern möchte, schon auf »k« beziehungsweise »ck« endet? Aus dem »Stock« wird da normalerweise ein »Stöckchen«. Und im Ruhrgebiet? »Stöckken« geht gar nicht! Da muss wohl wieder etwas hineingemogelt werden, diesmal ein »s«. Und fertig ist das »Stöcksken«!

»Trixi, bring dem Herrchen dat Stöcksken!«

»Herrken« sagt man übrigens nicht. Die Regel gilt also auch nicht immer.

Interessanterweise findet man auch Wörter mit Diminutivendung, die es ohne gar nicht gibt. So erzählt man sich in trauter Ruhrpottrunde gerne »Dönekes«, also kleine Geschichten, auf eine »Döne« oder einen »Don« wartet man aber vergebens. Und wenn man davon spricht, dass jemand ein »Krösken« hat, also eine eher verborgen gehaltene Liebelei, dann ist die große, für alle sichtbare Liebe doch kein »Kros«.

Zu guter Letzt sei noch erwähnt, dass man sich im Ruhrgebiet, warum auch immer, mit Vorliebe in der Verkleinerungsform begrüßt und verabschiedet, allerdings eher im Freundes- oder Bekanntenkreis:

»Hallöchen, wie is?« – mit »-chen«, nicht mit »-ken«.

Schätzeken

»Muss, tschüsskes!« – mit »-kes«, nicht mit »-ches«.

Frach nich, is eben so! Weiße wat? Gez genehmige ich mir nache vielen Schreiberei ersma en Pinneken schön mit Beschleuniger drin! En Schnäppsken, verstehse?!

Lecker Essen

Unflektierte Adjektive

Genauer: Unflektierte Adjektive, Demonstrativpronomen und Possessivpronomen

Leckofanni, dat is ma 'ne Überschrift, die et in sich hat!

Aber keine Sorge, hier wird es gar nicht sprachwissenschaftlich kompliziert, im Gegenteil! Es geht lediglich darum, in eher seltenen, aber doch typischen Fällen ein oder zwei Buchstaben wegzulassen, und schon ist man dem Ruhrdeutschen wieder ein Stück nähergekommen.

Bleiben wir bei unserem Titel: Dem Hauptwort (Substantiv) »Essen« wird hier ein Eigenschaftswort (Adjektiv) beigegeben, nämlich »lecker«. Eigentlich müsste das Wort flektiert, auf Deutsch: gebeugt werden. Es müsste also »leckeres Essen« heißen. Besonders wenn der Ruhri in schwärmerischer Stimmung ist, verzichtet er aber gerne darauf, und sie, die Ruhrine, natürlich auch:

»Da war richtig Patty, sach ich dir, mit töfte Musik und lecker Essen!«

Ich frage mich gerade, ob »Ruhrine« eine wirklich überzeugende weibliche Form von »Ruhri« darstellt. Es klingt ein wenig wie »Ruine« und das soll es nun wirklich nicht. Sagen wir also lieber »die Ruhri«.

Jedenfalls findet sich diese unflektierte Eigenart auch noch bei anderen Wortkombinationen:

»Im Freibad war richtich warm Wasser, war ja auch schön Wetter, nä, und son klein Mädchen war am Jauchzen wie inne Sommerferien.«

Achtung: Man sagt aber nicht »toll Wetter« oder »mies Wetter« oder Ähnliches!

Dagegen findet sich der Verzicht auf eine Beugung auch beim hinweisenden Fürwort (Demonstrativpronomen) »dies«:

»Hömma, dies Jahr war aber auch beknacktes Wetter gewesen!«

Und besonders typisch ist der Beugungsverzicht bei besitzanzeigenden Fürwörtern (Possessivpronomen), wenn es um Verwandtschaftsbeziehungen geht:

»Gestern hatte unser Omma Geburtstach! Mein Mudder war da, Vadder auch mit sein Dackel und unser Tante Emma kam extra aus Australien. Besser geht nich!«

Und lecker Essen gab et bestimmt auch!

Aufe

Präpositionen I: Beugung

Gez heben wir »aufe« ause Taufe! Das Schreibprogramm meines Computers markiert »aufe« zu Recht als Fehler, denn im Deutschen gibt es das Wort nicht. Im Ruhrdeutschen aber schon! Und was soll das bitte schön sein?!

Vielleicht sollten wir erst einmal für alle, deren Schulbesuch lange her ist, klären, was eine Präposition ist. Davon gibt es jede Menge: »am«, »aus«, »mit«, »ohne«, »nach«, »auf« und viele mehr. Die Grammatik beharrt darauf zu behaupten, diesen kleinen Wörtern sei gemeinsam, dass sie unveränderlich seien. Dass sie also nicht flektiert, zu Deutsch: gebeugt würden.

Moment: Im letzten Abschnitt war die Rede von Adjektiven, die eigentlich gebeugt werden (»leckeres Essen«), im Ruhrdeutschen aber manchmal nicht (»lecker Essen«).

Und jetzt ist es umgekehrt: »Auf« bleibt eigentlich immer »auf«. Es sei denn, so ein Ruhri kommt daher und verwendet es als Synonym für »geöffnet«. Dementsprechend ist die »geöffnete Tür« eine »aufe Tür«. Is doch klar wie Kloßbrühe!

Das klappt natürlich auch mit dem Gegenteil, der »geschlossenen«, also »zuen Tür«. Es findet sich der »ause Fernseher« (»ause« auch mit zwei »s« denkbar) als Bezeichnung für den »nicht laufenden«. Wobei Fernseher, die laufen können, ja noch gar nicht erfunden wurden. Gott sei Dank, muss ich sagen!

Nicht verwechseln darf man übrigens das im Beispiel verwendete »ause« mit dem »ause« aus unserem schönen

Satz mit der »Taufe«, wo wir es ja mit einem Schmelzwort aus »aus der« zu tun haben! Kompliziert! Und um noch einen draufzusetzen, ist das Gegenteil von einer »ausen Lampe« (keine Außenlampe!) eine »anne Lampe«. Ruhrdeutsch macht's möglich!

Wenn wir uns aber »ein aufe Lampe gießen«, dann trinken wir ein Glas zu viel, in diesem Fall auf das Wohl des Schmelzwortes. Solche Zusammenziehungen von Präpositionen mit dem nachfolgenden Artikel sind auch im Standarddeutschen gestattet: »In dem« wird dort zu »im« oder »um das« zu »ums«. Das Ruhrdeutsche handhabt diese Möglichkeit aber wieder etwas großzügiger und macht zum Beispiel »für den« zu »fürn« oder »nach dem« zu »nachem«:

»Nachem Frühstück gehen wir ersma nachem Baumarkt.«

Achtung! Das zweite »nachem« ist Ruhrdeutsch pur, hier stünde im Standarddeutschen eine ganz andere Präposition: »zum«. Siehe den nachfolgenden Abschnitt!

Na gut, dann gehen wir nachem Frühstück eben ersma inne Kneipe. Fürn richtigen Mann ausm Ruhrpottbilderbuch is ja beides gleich attraktiv. Und füre Frau … Da habe ich Zweifel.

In jedem Fall müssen wir dafür »ausen Haus« gehen. Du meine Güte, jetzt werden in diesem Fall auch Dativ und Akkusativ vermengt! Gez reichtet aber!

Auf Schalke

Präpositionen II: Gebrauch

Zumindest im Ruhrgebiet kennen und verstehen alle den Satz »Morgen geh ich auf Schalke«.

Damit ist gemeint, dass der Sprecher oder die Sprecherin, höchstwahrscheinlich ein »Schalke-04-Fan«, am nächsten Tag zum Spiel der Mannschaft ins Stadion gehen wird. Hier wird also die Präposition »auf« durchaus eigenmächtig für eine Ortsangabe verwendet, für die das Standarddeutsche eher »ins« oder »im« vorsieht:

»Morgen gehe ich ins / bin ich im Schalker Stadion.«

Als es noch Bergleute im Ruhrgebiet gab, konnte man statt »auf Schalke« auch »auf Zeche« sein, und zwar nicht nur zu einem bestimmten Zeitpunkt.

Frage: »Wat machse denn beruflich?«

Antwort: »Bin auf Zeche.«

Und auch wohnen konnte und kann man im Revier »auf«:

»Ich wohn da auf Bannofstraße.«

Falls Sie bei »Bannof« auf eine historische Persönlichkeit tippen, liegen Sie falsch, geht es hier doch um die »Bahnhofstraße«. Und wie man sieht, kann der auf die Präposition »auf« folgende Artikel einfach weggelassen werden, muss aber nicht. »Aufe Bannofstraße« geht auch. Der Artikel »der« wird hier mal wieder zum »e« geschrumpft und mit »auf« zum Schmelzwort »aufe« verbunden.

Man kann den Menschen im Ruhrgebiet durchaus eine Schwäche für Präpositionen attestieren. Manchmal können sie gar nicht genug davon kriegen. So findet sich die

AUF SCHALKE

Präposition »für« häufig im Verbund mit anderen Wörtern aus der gleichen »Sippe«:

»Hasse noch en Piccolöchen für zum Anstoßen?«

Oder:

»Hasse nich noch wat anderet für aufe Stulle als wie Magarine?«

Oder besonders schön:

»Herr Doktor, könnse wat für gegen Kopppinne aufschreiben? Mir platzt gleich die Birne!«

Natürlich geht es hier nicht um ein Medikament gegen explodierendes Obst, sondern gegen Kopfschmerzen.

Und um noch mal auf Schalke zurückzukommen:

»Hier hasse en Schalke-Schticker für am Auto zum Kleben!«

Dann gibt es mit »für« noch die nicht mehr sehr gebräuchliche Konstruktion »sagen für jemancen« statt »zu jemandem«:

»Ich sach für den Heiopei: Hassese noch alle stramm?!« – in etwa: »Bist du noch bei Sinnen?«

Und natürlich begann jede »Kumpel Anton«-Glosse mit dem Satz:

»Anton, sachtä Cervinski für mich ...«

Bleibt noch der ruhrdeutsche Gebrauch der Präpositionen »nach« und »bei« bei Richtungsangaben zu erwähnen, und zwar als Ersatz für das »zu«:

»Ich muss unbedingt nache Werkstatt fahren! Der Käfer stottert so komisch.«

Gemeint ist hier natürlich der VW Käfer beziehungsweise dessen Motor.

Ist das Ziel der Richtung eine Person in Sichtweite, wird eher »bei« verwendet:

»Mazel, geh ma bei den Oppa und sach dem Gut Nacht! Und dann gehse im Bett, hörse?!«

Ich weiß, das klingt jetzt sehr nach Klischeeruhrdeutsch, aber solche Sätze kann man noch hören. Na dann:

»Wohin gehse?«

»Ich geh im Kino für zum Filmkucken, und zwar zusammen mim Dativ. Dat gehört sich so im Ruhrpott!«

Mit dem Tu-Wort tu ich mich schwer

»Tun« als Hilfsverb

Es ist ja beileibe kein Geheimnis, dass das Ruhrdeutsche über lange Zeit keinen guten Ruf hatte. Ihm haftete ein gewisser Unterschichtsmakel an. Die Schwerindustrie und mit ihr die harte körperliche Arbeit, die die Region über mehr als hundert Jahre prägten, ließen in der Tat wenig Raum für Feingeistiges. Die Menschen hatten andere Sorgen. Wer etwas auf sich hielt und sich abgrenzen wollte vom vermeintlich groben Proletariertum, sprach möglichst »korrektes« Deutsch ohne dialektalen/regionalen Einfluss. Wenigstens so einigermaßen. Was es auf jeden Fall zu vermeiden galt, war die Verwendung des Wörtchens »tun« als Hilfsverb.

»Tu mich ma helfen!«, bat das arme Verb und verriet damit seine Herkunft aus sprachlichen (und sozialen) Niederungen.

Dabei war ebendiese Verwendung durchaus weit verbreitet. Sie war auch im Hochdeutschen über lange Zeit gang und gäbe. Das änderte sich ab dem 17. Jahrhundert, als die »Sprachobrigkeit« in Lehrbüchern und im Schulunterricht das »tun« zunehmend aus der Funktion als Hilfsverb verbannte. Vollendet wurde diese Entwicklung vermutlich mit der in den Sechzigerjahren beginnenden Wandlung des Reviers in eine Bildungs- und Kulturlandschaft. »Dat« und »wat« und viele andere sprachliche Eigenheiten blieben der Ruhrgebietssprache trotzdem bis heute erhalten, das »Tu-Wort« ist nur noch selten zu hören. So richtig bedauern tue ich das nicht. Aber es gab damit schon bemerkenswerte Satzgebilde!

»Tuse ma kommen?«

»Tu dat wegmachen, da bin ich fies für!«

Oder mit noch mehr Ruhrpott:

»Tu mich nochn Pils!«

Hier wird »tun« allerdings als vollwertiges Verb verwendet und meint so viel wie »Zapf mir noch ein Pils!«. Der Gebrauch als Vollverb findet sich gar nicht so selten, zum Beispiel in dem Satz »Die Kiste tutet nich mehr«, was nicht bedeutet, dass eine Kiste plötzlich kein Tuten von sich zu geben vermag, sondern dass ein Auto nicht mehr fährt. Es tut es nicht mehr. Tja, da musse wohl zum Schrauber, die Kiste. Der tut einfach alles reparieren. In früheren Zeiten zumindest. Heutzutage tut man anner Fachwerkstatt oft nich mehr vorbeikommen. Die Kiste is ja voll mit Chips. Früher war doch vieles besser! Oder?

Son Tach wie Sonntach

»So'n« und »so'ne«

Häh?! Worum geht et denn gez?!

Nun, es geht um eine kleine Eigentümlichkeit des Ruhrdeutschen, die vielen Einheimischen im Revier als solche
vermutlich gar nicht bewusst ist. Aber vervollständigen wir
erst einmal unseren Titel:

»Son Tach wie Sonntach müsstet öfters geben!«

Ins Standarddeutsche übersetzt würde der Satz lauten:

»So (oder: solch) einen Tag wie Sonntag müsste es
öfter geben.«

Von »einen« bleibt nur das »n« übrig und wird angehängt. Daraus entsteht »so'n« beziehungsweise in meiner
Ruhrdeutschschreibe »son«. So weit, so normal, könnte
man meinen. Wenn sich dieses »son« im Ruhrgebiet nicht
seltsam verselbstständigt hätte. Es findet sich nämlich
auch ein Gebrauch wie in folgendem Satz:

»Ein son Pöller stand da im Weech und da bin ich vor
gedengelt.«

Übersetzt würde der Anfang des Satzes genau genom-
men so lauten:

»Ein so ein Poller ...«

Na, wenn das nicht doppelt gemoppelt ist?! Gemeint
ist hier aber wohl »ein einziger Poller«. Gar nicht so leicht
also, den zu treffen. Noch ein Beispiel?

»Durchgefallen! Wegen ein son beknackten Fehler!«

Das muss ein schwerwiegender Fehler gewesen sein.
Die Sache funktioniert übrigens auch im Plural:

»Da kamen mir zwei sonne Typen entgegen!«

Son Tach wie Sonntach

Schreiben wir »sonne« mal »so'ne«, dann sieht man, dass es sich gar nicht mehr auflösen lässt, denn »so eine Typen« ergibt ja keinen Sinn. Mit der entsprechenden Betonung impliziert »sonne« hier, dass es sich wohl um recht zwielichtige Typen handelt. Wie gesagt, »son« und »sonne« haben sich verselbstständigt.

Schon komisch, dieset Ruhrdeutsch! Wie ja überhaupt der ganze Kosmos, wo et Milliarden sonne Sonnen wie unsre gibt, wo Planeten drum rum eiern mit Wesen drauf. Aber et gibt nur ein son Ruhrpott!

War gewesen

Plusquamperfekt

In diesem Kapitel wollen wir uns den Gebrauch der Zeiten mal ein bisschen näher ansehen.

Die Gegenwart wird mit dem Präsens ausgedrückt (»ich lese«), die Vergangenheit beispielsweise mit Perfekt (»ich habe gelesen«) oder Präteritum (»ich las«). So weit, so gut die Regel. Aber natürlich geht es im Deutschen dabei auch ein bisschen durcheinander. So kann auch mal das Präsens für die Vergangenheit einspringen, beispielsweise um eine Erzählung lebendiger zu gestalten. Dieses gerne auch in der Literatur angewendeten Kniffs bedienen sich auch die Ruhris, hier beispielsweise bei »Wir komm«:

»Gestern sollte ja auf Zollverein Sümfoniekonzert sein. Wir komm da inne Halle rein, da is der Zampano von

Dirigent stiften gegangen. Da ham wir inne Röhre gekuckt.«

Der geschilderte Vorgang ist Gott sei Dank frei erfunden. Nicht erfunden ist allerdings ein echtes Kuriosum: der Gebrauch des Plusquamperfekts (»sie hatte gesehen, war gegangen«) statt des Präteritums (»sie sah, ging«). Die Zeitform mit dem tollen Namen Plusquamperfekt benutzt man eigentlich, um eine Vorzeitigkeit auszudrücken. Völlig regelgemäß wäre also der Satz:

»Als wir den Konzertsaal betraten, war der Dirigent bereits stiften gegangen.«

Denn das Verschwinden des Dirigenten liegt zeitlich vor dem Betreten des Konzertsaals.

Im alltäglichen Sprachgebrauch – so auch im Ruhrdeutschen – bildet man das Plusquamperfekt aber gerne mal auch ohne echten Anlass, zum Beispiel vom Verb »sein«, also »war gewesen« (statt »bin gewesen / war«).

Frage: »Hasse schon den neuen Bond-Film gesehen?«
Antwort: »War ich drin gewesen. Is cool!«

Und wenn man früher als Ruhrpottblag mit Nachdruck seine Unschuld beteuern wollte, dann sagte man statt »Ich war dat nich!«: »Dat war ich nich gewesen!«

In der Umgangssprache, so auch im Ruhrdeutschen, findet sich zudem noch eine nette Erweiterung des Plusquamperfekts, die sogar einen Namen hat, nämlich »doppeltes Plusquamperfekt«. Bei diesem speziellen Fall wird noch ein Partizip von »haben« oder »sein« angehängt:

»Den Bond-Film hatte ich gesehen gehabt, direkt nachdem der rausgekommen is.«

Also, gez muss ich aber ma langsam in den Film reingehen, damit ich auch drin gewesen war! Sons kann ich ja gar nich mitreden.

Am Tun und am Machen
Verlaufsform

Hömma, is hier womöchlich beim »Tommy« geklaut worden?! Die englische Sprache kennt ja eine ganz ähnliche Form, wenn ausgedrückt werden soll, dass etwas gerade im Gange ist:

»Don't disturb me, I'm learning Ruhrdeutsch!«

Auf Ruhrdeutsch:

»Stör mich nich, ich bin Ruhrdeutsch am Lernen!«

Aber über den Ärmelkanal muss man gar nicht schauen, denn auch der deutsche Sprachraum kennt diese Konstruktion. Bekannt ist sie zum Beispiel als »rheinische« oder »westfälische Verlaufsform«, was sprachgeschichtlich gesehen ein bisschen ungerecht den Schweizern gegenüber ist, die sich (Achtung: gewagtes Wortspiel!) in dieser Form auch gerne mal verlaufen, und zwar schon sehr lange. Jedenfalls hat sie sich vom Westen, vielleicht auch der Schweiz aus dann weiter ausgebreitet und ist heute überall angekommen. Die Verlaufsform hat wohl etwas für sich. Und schließlich ist ja auch der Nord-, Süd- oder Ostdeutsche mal am Schlafen oder am Arbeiten.

Wobei in der Industrieregion Ruhrgebiet das Arbeits-
ethos traditionell natürlich eine besondere Rolle spielte.
Wenn man nicht als »Lauschepper« gelten wollte, musste
man immer schön beschäftigt sein. Immer am Tun und am
Machen. Am Malochen, am Wulachen, am Ackern.

Und wenn man besonders betonen wollte, dass man
gerade inmitten der Tätigkeit sei, konnte man noch ein
»dran« dransetzen.

»Samma, wird dat heute noch wat?!«

»Ich bin doch schon am Machen dran!«

Sätze wie diese hört man heutzutage immer noch. Im
Gebrauch der Verlaufsform gibt es allerdings durchaus
regionale Unterschiede. Im Rest der Republik findet sie
sich nämlich hauptsächlich bei Verben, die keinen Zusatz
benötigen:

»Du bist immer am Kritisieren!«

Ein schönes Beispiel, wird doch hier aus einer gerade
andauernden Handlung eine regelrechte Charaktereigen-
schaft.

In ihrem Entstehungsgebiet, und somit auch im Ruhrdeutschen, verwendet man die Verlaufsform jedoch auch
bei Verben in Verbindung mit einer Ergänzung. Wie schon
oben: »Ich bin Ruhrdeutsch am Lernen!«

Oder:

»Kumma, der Hennes is grad dem sein Köttel am Aus-
schimpfen!«

Zum besseren Verständnis sei hier erklärt, dass es sich
bei dem »Köttel« um das Kind von Vater Hennes handelt.
Ob Sohn oder Tochter, kann allerdings nicht beantwortet
werden. »Köttel« trifft auf beides zu.

Hömma, ich bin gez am Überlegen, ob man hier im Revier auch schomma en doppelt gemoppeltes »am« gebraucht oder ob ich mir dat am Einbilden bin.

»Ich bin am Moped am Schrauben.«

Also, dat gibbet auf jeden Fall! Is ja auch en etwas anderer Fall. Aber wie is mit:

»Ich bin am Kuchen am Backen.«

Doch, gibbet auch! Et gibt hier einfach nix, wat et nich gibt!

Tasse Käffken
Artikel-Nr.: 806484

Mit Magnetrückseite

Notizblock Dat fehlt!
Artikel-Nr.: 71242

Frühstücksbrettchen Bütterken
Artikel-Nr.: 780647

Grubensalz
Artikel-Nr.: 71252

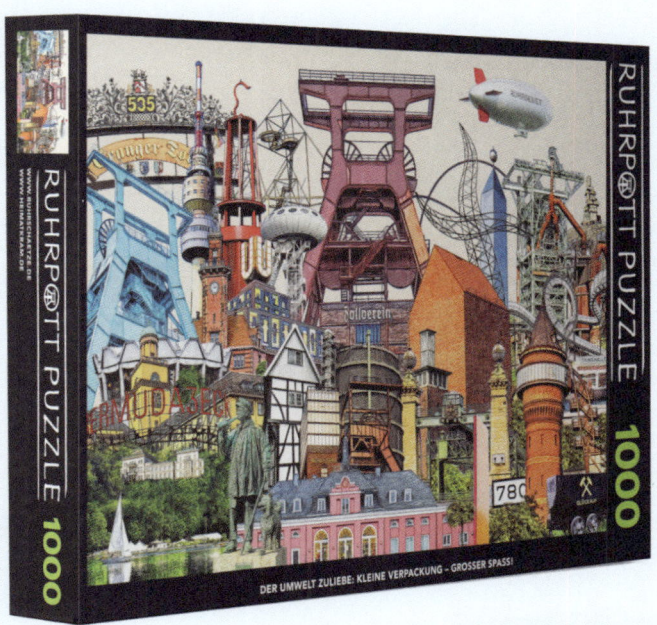

Ruhrpott-Puzzle
1000 Teile
Artikel-Nr.: 90555

Noch mehr Schönes aus dem Ruhrgebiet unter:

www.ruhrschaetze.de und www.heimatkram.de

Bildnachweis

S. 1: Karte der Verwaltung des Ruhrgebiets, Threedots
(Daniel Ullrich), Creative-Commons-Lizenz cc-by-sa 3.0,
bearbeitet
S. 2/3: A7880S/Shutterstock.com

Impressum

© Duden 2022   D C B A
Bibliographisches Institut GmbH, Mecklenburgische Straße 53,
14197 Berlin

Texte Sigi Domke
Redaktion Dr. Melanie Kunkel
Illustrationen Rebecca Meyer

Herstellung Christian Fleischer
Layout und Satz Dirk Brauns, estra.de, Berlin
Umschlaggestaltung und -abbildung: Tom Leifer Design,
Hamburg
Druck und Bindung AZ Druck und Datentechnik GmbH
Heisinger Straße 16, 87437 Kempten
Printed in Germany

ISBN 978-3-411-75681-0
www.duden.de

PEFC zertifiziert
Dieses Produkt stammt aus nachhaltig
bewirtschafteten Wäldern und kontrollierten
Quellen.
PEFC
PEFC/04-31-2260
www.pefc.de